Das bleibt
Deutsche Gedichte 1945–1995

Herausgegeben und mit einem Nachwort
von Jörg Drews

W0052641

RECLAM VERLAG LEIPZIG

ISBN 3-379-01532-6

© Reclam Verlag Leipzig 1995 (für diese Ausgabe)
Quellen- und Rechtenachweis am Ende des Bandes

Reclam-Bibliothek Band 1532
1. Auflage, 1995
Reihengestaltung: Hans Peter Willberg
Umschlaggestaltung: Petra Lurette Oberberg und Ute Puder
unter Verwendung von Andreas Stötzners »Arcadium«,
Photographie von Matthias Knoch
Gesetzt aus Meridien
Gesamtherstellung: Offizin Andersen Nexö Leipzig GmbH
Printed in Germany

a wuaschd
is mai himö
mai saidana
roudsaidana
himö

und

a exdrawuaschd
is mai exdrahimö
mai exdrasaidana
exdraroudsaidana
exdrahimö

oa moe
oa moe richdög
oa moe richdög schaissn

auf an boisdaddn brödl
auf an boisdaddn

middn im woed
schded nix
wiara bam

und dea bam
dea schded nix
wia middn im woed

um middanochd
auf da fridhofsmaua
budlnoggad
waons koed is
und schnaibbd
und da wind ged

bfui daifö

ausn bödd aussa

iwa dschdiang owö
iwa dwisn daonö
iwa dbruggn umö

und ins wossa ainö
und in himö auffö

in oaschdoa
sai reladiwidedsdeori
is naddialö koa bledsin

wia sainazaid
oanigö
gmoad haom

bfiaddö fraonz
kaddö bfiaddö

fraonz bfiaddö
bfiaddö kaddö

bfiaddö fraonz
bfiaddö kaddö

froanz bfiaddö
kaddö bfiaddö

In der Dämmerung

Der Tiger

In Frieden leben
Den Schmetterlingen nachsehen
Das Heu riechen
Aus den Schuhen schlüpfen
Weil es so heiß ist
Weil die Zehen jucken
Weil sie den Pilz haben
Wund sind und stinken
So schaut es aus im Jenseits
Ein einziges Gewoge
Fast ewig
Der Tiger schaut zu
Fast ewig
Gestern und heute
Ist mir geliehen
Ich schnitze die Beute
Morgen versteh ich
Die Sünde und grüße
Sie
Aus dem Jenseits

Die Kröte

Ich bin die Kröte
Auf dem Schatz der Welt
Es schwimmen die Kröten
Im Teich wie Vergängliche
Am Abgrund
Sitzt still der Mandarin

Der Schatz

Mein Traum ist nur
Ein Mund voll Gips
Mich einfach in die Welt zu schicken
Wie eine Drucksache: möglichst billig
Ich rinne
Und vertreibe mir die Zeit
Auf einer Bank
Ist Gott gesessen

Der Fund

Hierda hieß das Mädchen
Und der Himmel Himmelhim
In den Blüten waren Bienen drin
Gelbe Dahlien
Darein sich versenken
Darin sich immer vergraben
Ich bin an die Isar zu den Renntieren gegangen
Einen Engel zu füttern
Vergeblich
Ich bin zu den Häusern aus dem 19. Jahrhundert
                                        gegangen
Einer Dame des Rokoko zu begegnen
Vergeblich

Der Befund

Unterm Totentuch
Wasserspiele der Liebe im Mund
Noch blüht meine Zehe
Es grünt der Fund
Meine weichen Hirnteile
Vom Rind in der Pfanne
Schaufeln

Der Untergang

Wohin du
Gebierst Sonne
Zu nah bin ich
Deinem Plissee
Aus deinen
Schalen des Blutes erhebe dich
Neu von Wasser
Zu Wasser

Nacht

In der Stille wird der Untergang glaubhaft
In der Leere sieht man sie rennen
In der Nacht hör ich sie lachen
Ich kam hervor
Ich stand auf
Ich kann fliegen
Mir ist schwindelig
Mir ist schlecht
Schlittschuh

Am Ende

Niemand
Wird euch anhören
Das Gewirr der Erde
Hat niemals gegolten
Umgebracht
Mit und ohne Gesetz
Am Ende der Dinge
Ist keine Geduld
Vergessen

Den Ruhm der Welt
Hast du Durst im Gebet
Die Tonerde
Weht

Nichts tun
Nichts sein
Selbst mit dem Gebet
Läuft die Zeit davon
Nur im Herbst eine Pflaume essen
Eine gelbe oder eine blaue

Im Innern sind die Steine eins
Nicht mehr so tief
Werden sie verschoben und drängen
Sich in der Erde ist kein Platz hoch
Wie hoch ein Berg muß weiß keiner
Die Pflanze ist stumm
Vom Stein hört man nichts
Berg sein ist unverständlich
Die Winde trifft keiner
Das Blei bleibt unten
Die Wolke laicht über dem Tal
Das Bergsein greift weiter
Bergrein Bergstein
Der Berg hat seinen Weg meistens
Schaut er in die Berge hinein
Ein Berg sein
Ein Berg ist ein Singender
Ein sich Gleichender
Berg = Berg

Wandert das Gelb
Gelb kichert nicht
Hat keine Haut ist trocken
Gießt man es wird es grünlich
Gelb gelacht ohne verderbendes Rot
Aus sich gelb gelbe Genüge
Gelb wie ein Vogel
Wie Fisch das Blatt das er ißt
Gelb hat einen Rand
Was heiliger ist als der Schein
Des Heiligenscheins gelber ist gelb
Kein Herbst ist gelb kein Jahr
Gott mag gelb sein sein Mantel
Gelb wandert ein
Gelber Hüne Arme aus Gelb
Die Haare darauf staubiges Gelb

Ich bin ein Olm von Laibach
Mein Vater war ein Olm von Laibach
Ohne Verwandte unter den Verwandten
Waren keine Musikanten
Die uns erkannten nannten
Uns Olme von Laibach
Wir spielten nie Schach

URS ALLEMANN

Lebenslauf

Vorgestern hab ich mich in die Socke geschneuzt
Gestern hab ich in die Kladde geschissen
Heut leck ich mir mit der Zungenspitze die Nase
Morgen werf ich die nasse Windel weg
Übermorgen mach ich die Augen zu
Und starr mir nach wie ich dem Horizont
Entgegenhinke und ganz klein verschwinde

Auf dem Wittgenstein
sitzt eine Eule
und möchte heim
nach Athen

Zwei frühe Gedichte

wie ein großer
mond aus messing
mit einem rand
von geschlagenem
gold
aber
einem herzen
aus messing.

wie ein großer
falscher mond
wenn der glatte
weiße tropfen
abfällt
vom wachsbaum

wie ein mond.

dover
ist ein schwarzer katafalk
calais
ist ein roter katafalk.
über beide schwingt hin
der falke gottes.
weiß von flandern
kommt der mond
mit nesseln und honig.
seine handschuhe aus bast
starren traurig groß
in den himmlischen winter.

der sternbilder verlischt
eines ums andere.
zu kosten bleibt uns
genien und selbstmördern
das enge salz des meeres.
gewußt hätten wir
von vielem.

flaschenpost

dale 1 daffodilerdings weitabs
rahmengebläu eibengebläu weitabs
dana 2 tuliperdings nahends nah
offendorts zweigorts eibenauchs
dale 3 auf vogel lilien (3/6) blau
aberford (5/6) dreierfachs steilvau
dana 4 schwahns leben (23) totems
westliche heide schritte gradeaus

hier aankwam arnorr starkerdings

hirschgehege & leuchtturm

herrgott bin ich froh ich habe geburtstag
der tag hat mich wie ein aufruhr geweckt

hört ihr die dampfer tuten die kapitäne
tragen sonnen rosetten und lackschuhe

bringt einen sessel für die freiheit her
und eine girlande für meine schönen augen

die schatten sind kurz wie geschnittenes
gras die möve kreischt nicht sie pfeift

die tücher und scheren pfeifen lieder
beim fahnenschneider geht es laut her

straßen werden gefegt der fluß geputzt
windlichter bereiten sie für den abend

nähmaschinen reden in hehren slogans
über die vergangenheit des vaterlandes

von allen dachfirsten kollern abzeichen
alt und jung sammelt sie der tag blaut

neue briefmarken werden geküßt geklebt
und verabschiedet fahrt wohl fahrt wohl

hört ihr die dampfer tuten die brücke steckt
ihre fischumronnenen pfeiler ins ahornwasser

der königs luftflotte donnert guten tag
der tag blaut über den schornsteinen auf

jeder der sein abzeichen gefunden hat
ist glücklich wie eine sehr neue kirche

alle dampfer fahren mit weißen briefen
in die weite welt das meer ist auch blau

der tag hat mich wie ein aufruhr geweckt
herrgott bin ich froh ich habe geburtstag

ich muß ein lob des trommelns dichten ein lob dieser
                                                        kunst
der regen hat sie erfunden aber seither lernten sie manche

ich bin ein luchs auf dieser insel aber auf der anderen da
drüben ist ein trommeln ich höre das trommeln wie regen

es trommelt leise aber gut vernehmlich ich bin in dieses
trommeln verliebt ich möchte mit ihm schlafen
                                                    ich möchte es

zur frau haben ist dieses trommeln aus wasser oder ist es
aus windstößen oder aus dem geräusch der fallenden
                                                        nacht

ein feuer aussenden um ein trommeln festzustellen einen
gefangenen blitz aussenden mit der botschaft an das
                                                    trommeln

einen habicht ausschicken eine ameise einen fisch einen
ausgegrabenen stein der nie das licht gesehen hat steine

hören besser sie sind blind sie hören besser auf dieser
anderen insel ist ein trommeln mein blut schlägt mit
                                                    diesem

trommeln bin ich der bruder dieses trommelns dieses
                                                    trommeln
ist meine schwester ich liebe dieses trommeln es wird
                                                    regen

sein das drüben trommelt es wird wind sein das drüben
                                                    trommelt
es ist vielleicht die fallende nacht die drüben so trommelt

ich muß mit der fallenden nacht schlafen mit dem wind
                                                        mit
dem regen das ist unvermeidlich ihr trommeln
                                        durchdringt mich

ich werde in den regen dringen in den wind in die
                                        fallende
nacht ich schicke weder habicht noch ameise noch fisch
                                        aus

den stein lasse ich in seiner erde ich will keinen der
                                        besser
als ich hört es ist keiner außer dem stein der das besser

vermöchte hört mich an ich gönne dem stein nicht den
                                        schlaf
mit dem trommeln ich bin es selbst der das trommeln zu
                                        sich legt

ich gönne dem blitz nicht das trommeln er ist mein
                                        gefangener
ich trage ihn in meinen augen ich steige rasch ins nasse
                                        dunkel

der luchs schwimmt im wasser er hält seine ohren hoch er
                                        hört
auf das trommeln das trommeln kommt näher der regen
                                        der wind

das fallen der nacht der luchs durchschwimmt das
                                        dunkle wasser
er ist naß seine ohren sind trocken er kann das licht
                                        dieses

trommelns bereits ausnehmen dieses licht ist das licht
                                        einer
frau meine schwester ist meine frau ich bin der starke
                                        luchs

das trommeln ist meine frau sie ist ein starkes trommeln
ich ergreife das trommeln ich greife die schwester ja
                                        ich liebe sie

landschaft 8

ein ersehntes gewitter hat sich der kuh in die hörner
gesetzt es trottet näher die langsame kuh ist das

haustier der eichen durch die schatten die ein friedlich
ereignis vorauswirft spaziert diese kuh an den hörnern

gewitter sekunden vergehn am expreßzug er huscht in die
ferne jeder blitz sitzt noch fest in hülsen aus messing

oho der schäfer in loden kratzt sich am glied es wird
ein gewitter geben ich spür es ich habe noch vieles zu

tun ein jüngling wirft einen cent in den fischteich der
schlägt ihm ein auge aller donner ist noch zum trocknen

an freyas leine der mann von der bahn versieht seinen
handgriff an halbdunklen weichen er kratzt sich am glied

oho es wird ein gewitter geben ich spür es ich habe noch
vieles zu tun eine kuh kommt aus eichen hervor trägt

hülsen aus messing die leine ein leinchen von horn zu
horn gehts mit trocknendem donner im duftenden
westwind

der in eichen erwacht flattert freyas reinheit ein jüngling
kratzt sich am glied oho es wird ein gewitter geben ich
spür

es ich habe heut gar nichts zu tun das gefällt mir ein regen
geht nieder die blitze zersprengen die hülsen der donner

verläßt seine klammern scheu wird die kuh geneigter die
eiche der jüngling zu ihr: mit freyas erlaubnis ein kuß

Treuherzige Kirchhoflieder

all lust ist mir verstorben
saturnius mit seiner sensen gar
tut schneiden die rosen wunderbar
steht hinter efeu und grabstein
tut schneiden die rosen wunderbar
ein jede die er am stengel trifft
fällt troffen hin von seinem gift
will sich schier vor efeu bedecken
fällt troffen hin von seinem gift
dem vöglein zerschneid er die flügel
daß es totstürzt am grasichten hügel
will seinen flug ihm nicht lassen
totstürzt am grasichten hügel
die sensen scharf traf die liebste mein
so muß ich von ihr auch geschieden sein
ein mond ist mir worden die sonnen
zerschneid saturn mein fleischern herz
und richt mein sehnsucht himmelwärts
all lust ist mir verstorben

o tod du dunkler meister
du gallenbittres elixier
du zugereister harpunier und gott
du mond voll blinder augen
du rosenzwerg im hinterhalt
du spinnenturm du spinne
du punkt zum abgethronten leben
o tod du schwarzer meister
erhöre uns erhöre uns
verschone uns
vor deinen spröden särgen
zerbeiß uns nicht das hirn wie glas
o tod du dunkler meister
zerbeiß uns nicht wie glas..

o tod du dunkler meister
du aufgerißner kiefer
du untrostschwere erden
du ohngeformter rattenschnabel
du durch und durch gewürmtes fleisch
du samenfraß du leere muschel
du nasse aschensonnen
o tod du schwarzer meister
erhöre uns erhöre uns
verschone uns
vor deinen wunden särgen
zerbeiß uns nicht wie glas das hirn
o tod du dunkler meister
zerbeiß uns nicht wie glas..

o mein rosenfarber mund
wie bist mir sehr erblasset
ich kann es noch nicht fassen
daß man mir schon die lichter tragt
durch einen tränennebel..
die vögel schrein aus feuchtem grund
der kannibal der truhen
hat dich zu tiefst ins herz geküßt
der abend ist gefallen diese stund
auf deinen leib so kühl und jäh..
ade..
ade du zeit der schäferei
und grüß dich dunkles käferreich
ich steh vor deiner mauer..
schon kommen sie mit fackeln..
mit viel gebet und prozession
naht sich der trauerhaufen –
mit stillverhaltnem atmen
zerschneidet man das letzte brod
und ich allein im weißen tuch
seh nimmer mond noch sterne..

epigrammata

du aug der conseqventz . treu biß zum feuer kogel
du alchymist der wortt . du ohnbebeugte krafft : : :
du lilie & ros der teutschen dichter schafft:
aus glutt & aschen steig auff wie der fœnix vogel!

(auff die heiligen der vorzeit; sozusagen)

cathrin . halt an dein rad! laß rasten seine haken.
daß nicht von ohngefæhr es mir den leib aufrollt:
mir wærs gewiß nicht eins . der marter crone gold
mit dir zu theilen dann & singen an den zacken …

sanct georg . tappfres blatt! du schartenlose clinge
tu deine schneid vor mich . als bald ich dies gebürg
voll rosmarin durchschreit . auff daß mich ja nicht
würg
ein schlechter lauer mann mit seiner eisern zwinge …

persische Quatrainen

xxxiv.

dein rosenblasser mund zerbeißt
mit weißem zahn
die nacht wie einen zucker halm.
der hahn
hat niemals noch so früh den tag
gekräht –
schon spät! vom fluß fliegt uns
die morgen kühle an

22

xxxv.

dein tanz blüht schön im käfigvogel lied
   dein schritt
wird rose dir und tau, dein
   schatten mit
dem singen mann und frau in
   dunklem kuß
ein garten wächst vom teppich unter
   deinem tritt

xxxvj.

wie fern der farn der zeit,
   wie bitter weit
die nacht, da sacht mein arm
   ein kleid
um deinen hellen leib dir war
   und laub
vom wald geäst ein dunkles nest,
   der vögel neid

xxxvij.

ihr jäger mund ist naß von meines
   herzens blut
das pfeildurchzittert nun in einem
   netze ruht.
noch eben sang die nachtigall im
   grünen grund,
stumm steigt der mond aus einer wunde,
   rotbeschuht

xliij.

ein weißes blatt papier drauf eine
   vogel spur
die amsel stieg umher mit hyazinthen
   spur

was nützt schon mein gedicht? wie fänd ich
    auch ein wort
ein bild gleich dieser zarten amsel
    blumen spur?

xliv.

der fische grünes land ein schwerer
    breiter see
liegt zwischen mir und ihr – der berge
    alpen schnee
sogar hat uns mit seiner mauer streng
    durchgrenzt::
komm! schau! bedenke mich und sie
    und geh

xlvj.

der magier zerbrach sein nebel glas
    im zorn:
nun gehn die schwaden frei durch baum
    und farn
im regen – recht vermischt wie rauch
    und wein:
trink und saug ein! der frühling sei
    dein horn

xlvij.

schon faul ich jahrlang wie mein
    ehmals weißer zahn
und dennoch blüht der gleiche schöne
    löwen zahn
am feld in lieber zahl vom neuen
    sonnen garn:
kaum daß ich mich bewegt war meine
    zeit vertan

Allerleirausch

eine maus, eine maus
trägt mich vor das mäusehaus,
knabbert mir die äuglein aus,
nimmer finde ich nachhaus,
muß mir einen kuchen suchen
einen mit rosinchen drin,
hol mir zwei rosinen raus,
setz sie mir als äuglein ein,
ei, wie scheint die sonne schön!

ein django der muß haben
zween stiebel um zu traben,
ein fäustlein um zu schlagen,
ein särglein ums zu tragen,
zween sporen an den fertzen,
die nie ein rößlein schmerzen,
ein feindlein ums zu schießen
und gold zum kugeln gießen,
dazu noch grund zur rache,
denn das gehört zur sache,
so eilt er texas auf
und ab in tollem lauf.
drum, kindlein, gib fein acht,
wies unser django macht,
willst sein nit feig und schwach,
so tus ihm fleißig nach!

ein männlein steht am schalter
so gar nicht stumm
und sagt zu dem beamten:
sei bloß nicht dumm,

gib die schönen piepen her,
glaube mirs,
die freun mir sehr,
und drückste auf die klingel,
leg ich dir um.

mescalin und morphium
wächst in unserm garten.
draculinchen ist die braut,
mag nicht lang mehr warten.
ist sie doch schon jahre zehn
fledermäuseelfchen,
träumt von werwolf und von zwölf
neugeworfnen wölfchen.

batman und robin
die liegen im bett,
batman ist garstig
und robin ist nett.

batman tatüü
und robin tataa,
raus aus den federn,
der morgen ist da!

auf dem berge ararat
wohnt der schneider drakulat,
seine frau, die nosfretete,
saß am särgelein und nähte,
fiel herab, fiel herab,
und der linke zahn brach ab.
kam ihr männchen angerannt
mit der nadel in der hand,
näht ihn an, näht ihn an,
daß sie wieder beißen kann.

im parke, wo die unhold weilen,
müssen kinder hurtig eilen
und nicht mit dem schülerranzen
sorglos durchs gebüsche tanzen,
denn im kopf des unholds ist
platz für manche hinterlist.
ja, mit pflaumentüten steht er,
paßt auf petra oder peter,
manchmal gar auf beide zwei,
unhold ist das einerlei,
aus ist er auf frische haut,
die er gern zum spielen klaut.
darum kinder, gebet acht,
seht nur wie er paßt und lacht,
hinter jener gaslaterne
ißt er pflaumen, spuckt die kerne
durch die klare abendluft,
wenn das nachtigallchen ruft!

Aus meiner Botanisiertrommel

vor seiner hütt im laubwald steht
der anachoret;
die sonn berührt den horizont,
die wetterfront,
will schon zu bett.

es tiriliert der vögel schar
ganz wunderbar,
der kläusner hängt den baß dazu,
auf ich und du,
mit haut und haar.

wohl dem, der so den tag verbringt,
wenns ihm gelingt,
und parallel mit fink und star,
recht sternenklar,
sein credo singt.

INGEBORG BACHMANN

Böhmen liegt am Meer

Sind hierorts Häuser grün, tret ich noch in ein Haus.
Sind hier die Brücken heil, geh ich auf gutem Grund.
Ist Liebesmüh in alle Zeit verloren, verlier ich sie hier gern.

Bin ich's nicht, ist es einer, der ist so gut wie ich.

Grenzt hier ein Wort an mich, so laß ich's grenzen.
Liegt Böhmen noch am Meer, glaub ich den Meeren
                                                    wieder.
Und glaub ich noch ans Meer, so hoffe ich auf Land.

Bin ich's, so ist's ein jeder, der ist soviel wie ich.
Ich will nichts mehr für mich. Ich will zugrunde gehn.

Zugrund – das heißt zum Meer, dort find ich Böhmen
                                                    wieder.
Zugrund gerichtet, wach ich ruhig auf.
Von Grund auf weiß ich jetzt, und ich bin unverloren.

Kommt her, ihr Böhmen alle, Seefahrer, Hafenhuren und
                                                    Schiffe
unverankert. Wollt ihr nicht böhmisch sein, Illyrer,
                                                    Veroneser,
und Venezianer alle. Spielt die Komödien, die lachen
                                                    machen.

Und die zum Weinen sind. Und irrt euch hundertmal,
wie ich mich irrte und Proben nie bestand,
doch hab ich sie bestanden, ein um das andre Mal.

Wie Böhmen sie bestand und eines schönen Tags
ans Meer begnadigt wurde und jetzt am Wasser liegt.

Ich grenz noch an ein Wort und an ein andres Land,
ich grenz, wie wenig auch, an alles immer mehr,

ein Böhme, ein Vagant, der nichts hat, den nichts hält,
begabt nur noch, vom Meer, das strittig ist, Land meiner
Wahl zu sehen.

Das stille Schilf

Früh sprüht es im Dunkel
unser stilles Schilf
mikroskopisch klein in uns – aber
vorhanden
Das Rauschen des stillen Schilfes
ähnelt dem Gleiten Gottes im Gebüsch

der Neger braucht Sonne
zum Bräunen
der Neger braucht Sonne
zum Bräunen

Das stille Schilf ist unser Leben
Früh sprüht es im Dunkel ...

Die Bar

Wenn anderswo die Lichter erlöschen
öffnet die Bar.
Kleine Höhle erwacht.
Schwirrend und lockend.
Rums! Fällst du hinein
vom Jazzschleim gesogen
– sitzt du und trinkst dich zu Tode.

Moderne Fallensteller
moderne Mohikaner
DIE BARWIRTE!!

Österreich

Nicht wie üblich will ich dich besingen
schönes, weites Land
Land der Berge, Äcker, Seen;
Will dich in den Himmel bringen
Land des Skiwachs, Ackermähen
Land der Länder
Österreich.

Nicht wie üblich, sagte ich
Österreich, mein Heimatland
weit entfernt liegt Chinas Banner
weit entfernt liegt Samarkand!
Land der Länder
Österreich.
Nicht wie üblich – Österreich!
Nicht wie üblich – Österreich!

Kleines, großes, schönes Land –
bist meine Welt!

New York

Edelsteinern ragst du »in the sky«
guter Geschmack: Einerlei!
In den Straßen kauert Hitze
Neger reißen Hurenwitze.

Manchmal sind wir aufgewacht
wurd' geschossen in der Nacht
aufgesprungen aus den Betten
sind wir mitten in Manhattan!

Ja, New York ist »very well«!
Wunderschön, doch kriminell!
Am Morgen sieht man Jogger laufen
durch den Riesen-Steinerhaufen.

Abends geht die Sonne unter
und Reklamen werden bunter
Lämpchen blitzen immer mehr
locken geil zum Times-Square.

Wenn die Jumbo-Jet abfliegt
und New York unter uns liegt
sitz ich froh in meinem Sessel
Endlich entronnen dem Hexenkessel!!

Krüppel Sprache

Sprache, du Krüppel
lächerliches Geschwür deiner selbst
röchelnder Auspuff
Weltverzerrer widerlicher
Teenagertraum zitternden Hirnpuddings
taub, blind
stolperst du
Krücke auf morschen Krücken über deine verbeulten
                                                    Raster
nicht einmal aufheben kannst du dich
tieffliegender Schwächling
deine Anbiederei, deine gespielten Selbstmorde
gehen mir auf die Nerven
dein *dummes* Gerede
dein Propagandastaat aus Dichtkunst
deine Buchstaben widern mich an
kindische Runen eines sogenannten
natürlich von dir erschaffenen
»Lebens«

Bindemittel verquollener Extrawurst
Lebensmittelskandal
nicht einmal alt bist du
Moloch
Mafia
in jedem Loch anzutreffen
das Schauen verbietend
das Träumen, Fressen, Gehen, Ficken
überall sitzt prangend dein fetter Arsch
auf meiner Jacke
auf meiner Hose
Voyeur auch in der Finsternis
infrarotes Dreckschwein
selbst in der Tiefe des Marianengrabens stammelst du
                                    immer noch:
Fisch! Fisch! Fisch!
oder:
Dunkelheit!
Schlaf! Sleep! Sommeil! höre ich schlafend
Bahnhof versteh ich bei Bahnhof
Ich verstehe immer nur Bahnhof!
In der abstraktesten Musik nistest du noch als
»Sturm«, »Gefiedel«, »Gewitter« oder »Mandoline«
Partnerloser
nie wünschte ich mir deine Einsamkeit
Nieder mit dir!
Sogar auf den Tod schmierst du deinen süßsauren Senf
prahlst inmitten der Philosophie
auch vor der Tierwelt machst du nicht halt
und bei den Pflanzen versuchst du schon lange
dich einzumischen, du Luder!
Geh zu den Steinen
ich sage dir nicht, wie sie wirklich heißen
Provinzdetektiv
Schnüffler in jedem After
Virus
gegen den kein Kraut
dein »Kraut« nicht gewachsen scheint

Oft träume ich, du würdest beim Wort »Gefühl«

                                    krepieren

dich qualvoll verschlucken an der Bedeutung
doch da schwillst du erst recht an
in rührselige Schwingungen kommst du
du Krüppel, elendiger
sich an allem Labender
mit deinem Supergewissen
Pseudosamariter
der den Himmel »himmelblau« macht
alles zu Tode heilt, sortiert, trennt
krähender Oberlehrer
langweiliger Angler im Nichts
Vorstadtzirkusdialektiker!
Schlatz!
pickiger gesponnener Zucker
kein Gott ist dir zu schade
du Aufhetzer
schlürfende Hydra
Parasit in der Schönheit
Verächter der Häßlichkeit
Überläufer aller Fronten
dich werde ich kriegen
dich will ich würgen
mich quälst du nicht länger
mit deiner offenen Fotze
Fettauge auf allen Suppen
in dich will ich mich einschleichen
dich von innen aushöhlen
bis du dich vergißt
und Welt und Zeit wieder eins sind

Dann setze ich dir einen wortlosen Grabstein aus nichts
Vorher aber noch
will ich dich teuflisch foltern
chinesisch, japanisch, mittelalterlich
werde ich dich zwicken mit glühenden Zangen

Pfau hinkender
daß du jammernd zu Grunde gehst

Kurz vor deinem schrecklichen Tode
werde ich noch
– ob du es willst oder nicht –
dichten mit dir, daß du schreist!

erste liebe
Chanson, für Conny Francis genannt *»die Conny« geschrieben*

kreim lersten ruß brau du mi leihh
die gute frut lau vall frie blei
drikollö
quwerst güpö hangen steil op nuppl
werst gasy mizud reil trap kuppl
drikollö
dur purzel weichter him op fur
war schwutz bei griflop grimal pur
drikollö
da kalt brum in fler Stadtparknang
pra hulpi opü brisenzang
drikollö
raputi hep nu auf ga hemtal
samustul fliewül sauf tra lemtal
drikollö
dra biebt wer sir gran lop a fusserl
bra somstul to wan trop e husserl
drikollö

Er ging
die Straße entlang
bis zu Haustür.
Er öffnete die Haustür
und verschwand im Haus.
Im Haus
machte er Licht
und lief die Treppe empor.
Bei Nr.10 hielt er
und klingelte mehrmals.
Seine Frau öffnete die Wohnungstür
und ließ
ihn
eintreten.
Das Nachtmahl stand auf dem Tisch
und zwar gab es
Eierspeis mit Salat.
Um elf löschte er das Licht
und begab sich mit ihr
zu Bett.
Im Bett puderten sie noch eine
Zeit lang, dann
entschliefen sie
und erwachten zugleich
um 7 Uhr
als der Wecker schellte.

balsader binsam
gunstert um die wiesel
entloser das feilkriegal
hatler was ganzer breiden.

er rinen getiekelung –
zerfaller man rinmuss.

die isigung zerentfallden:
rinfeil muss geigler!
mer es fallser
den man muss galge isung gamung
entden das manfeil gehat isler und gung.

der entserman es feilgal
is obeler gament
loser das feilkriegal
hatler was gamder serein.

das es galken hat obegam brander
lodas bin es kriehat –
um obe.

was der sallo
eines gunstkrieken obewiewas:
– branloder ein binkrieërt –
kenum wassel bransa?
ein mer bin gunstkengel?
– um wiebran?

balsader binsam
gunstert um die wiesel
sager der mergunst
lassert chel wiewer!

der neunertz specken klaster

der neunertz specken klaster
wie maien inner da
kettent kauert immelschnee
etz gras eis zwater sam

plampe theil an hauff dem gurt
ohn luentz sparis pfät
schwar schwerammel friple ramm
kleestatt um feiner siag

ent da du kein
blau trommelstein
tre haplartz oxcker pfeil
marie
du plotzen tunter tzar
marie
wir schanter keil ut seil

marie dein liebster wartet schon

marie dein liebster wartet schon
mit einer stange von beton
in seiner guten sanften hand
im haar trägt er ein seidenband

er schlägt den prügel dir ums ohr
da spritzt das blut gar hell empor
dein neuer hut er ging entzwei
ihm war das alles einerlei

warum geht er so eilends fort
warum spricht er kein einzig wort
was hat den knaben so bewegt
dass er dich einfach niederschlägt

er war so still er war so zart
sein kinn war weich und unbehaart
wer hätte das von ihm gedacht
marie er hat dich umgebracht

plötzlich ging die sonne aus

plötzlich ging die sonne aus wie eine gaslaterne
und ein rauchpilz zischte auf. es war nicht gar so ferne.

dann trocknet mir das rückgrat ein. ich denk mir, das wird
                                                    heiter,
das kann doch bloss der anfang sein. da ging's auch
                                             fröhlich weiter.

der mond fiel auf die erde drauf mit kosmischem geknalle.
der horizont schob sich zuhauf, jetzt sitz' ich in der falle.

mir platzt das dritte äderchen. das blut schiesst aus den
                                                    ohren.
ich denk mir, liebes väterchen, gleich kommt es aus den
                                                    poren.

und während mir die haut abgeht und ich mich sacht
                                             verkrümme
und rechts und links die welt vergeht, da hör' ich eine
                                             stimme:

liebster, sag mir, liebst du mich? sag mir, lass michs wissen.
ich, du weisst es, liebe dich, und ich will dich küssen.

glaubst i bin bleed, das i waas, wos i wüü

glaubst i bin bleed, das i waas, wi schbeeds is?
glaubst i bin bleed, das i hea, wos du sogst?
glaubst i bin bleed, das i siich, wi du ausschaust?
glaubst i bin bleed, das i waas, wiri haas?

glaubst i bin bleed, das i gschbia, wos i augreif?
glaubst i bin bleed, das i schmeck, wos i friiss?
glaubst i bin bleed, das i riach, wias do schdingt?
glaubst i bin bleed, das i waas, wos i wüü?

GOTTFRIED BENN

Orpheus' Tod

Wie du mich zurückläßt, Liebste –,
von Erebos gestoßen,
dem unwirtlichen Rhodope
Wald herziehend,
zweifarbige Beeren,
rotglühendes Obst –
Belaubung schaffend,
die Leier schlagend
den Daumen an der Saite!

Drei Jahre schon im Nordsturm!
An Totes zu denken, ist süß,
so Entfernte,
man hört die Stimme reiner,
fühlt die Küsse,
die flüchtigen und die tiefen –,
doch du irrend bei den Schatten!

Wie du mich zurückläßt –,
anstürmen die Flußnymphen,
anwinken die Felsenschönen,
gurren: »im öden Wald
nur Faune und Schratte, doch du,
Sänger, Aufwölber
von Bronzelicht, Schwalbenhimmeln –,
fort die Töne –
Vergessen –!«

– drohen –!

Und Eine starrt so seltsam.
Und eine Große, Gefleckte,
bunthäutig (»gelber Mohn«)

lockt unter Demut, Keuschheitsandeutungen
bei hemmungloser Lust – (Purpur
im Kelch der Liebe –!) vergeblich!

drohen –!

Nein, du sollst nicht verrinnen,
du sollst nicht übergehn in
Jole, Dryope, Prokne,
die Züge nicht vermischen mit Atalanta,
daß ich womöglich Eurydike
stammle bei Lais –,

doch: drohen –!

und nun die Steine
nicht mehr der Stimme folgend,
dem Sänger,
mit Moos sich hüllend,
die Äste laubbeschwichtigt,
die Hacken ährenbesänftigt –:
nackte Haune –!

nun wehrlos dem Wurf der Hündinnen,
der wüsten –
nun schon die Wimper naß,
der Gaumen blutet –,

und nun die Leier
hinab den Fluß –

die Ufer tönen –.

Stilleben

Wenn alles abgeblättert daliegt
Gedanken, Stimmungen, Duette
abgeschilfert – hautlos daliegt,
kein Stanniol – und das Abgehäutete
– alle Felle fortgeschwommen –
blutiger Bindehaut ins Stumme äugt –:
was ist das?

Die Frage der Fragen! Aber kein Besinnlicher
fragt sie mehr –
Ranaissancereminiszenzen,
Barocküberladungen,
Schloßmuseen –

nur keine weiteren Bohrungen,
doch kein Grundwasser,
die Brunnen dunkel,
die Stile erschöpft –

die Zeit hat etwas Stilles bekommen,
die Stunde atmet
über einem Krug,
es ist spät, die Schläge verteilt
noch ein wenig Clinch und Halten,
Gong – ich verschenke die Welt
wem sie genügt, soll sich erfreun:

der Spieler soll nicht ernst werden
der Trinker nicht in die Gobi gehn,
auch eine Dame mit Augenglas
erhebt Anspruch auf ihr Glück:
sie soll es haben –

still ruht der See,
vergißmeinnichtumsäumt,
und die Ottern lachen.

Bar

Flieder in langen Vasen,
Ampeln, gedämpftes Licht
und die Amis rasen,
wenn die Sängerin spricht:

Because of you (ich denke)
romance had its start (ich dein)
because of you (ich lenke
zu dir und du bist mein).

Berlin in Klammern und Banden,
sechs Meilen eng die town
und keine Klipper landen,
wenn so die Nebel braun,

es spielt das Cello zu bieder
für diese lastende Welt,
die Lage verlangte Lieder,
wo das Quartär zerfällt,

doch durch den Geiger schwellen
Jokohama, Bronx und Wien,
zwei Füße in Wildleder stellen
das Universum hin.

Abblendungen: Fächertänze,
ein Schwarm, die Reiher sind blau,
Kolibris, Pazifikkränze
und die dunklen Stellen der Frau,

und nun sich zwei erheben,
wird das Gesetz vollbracht:
das Harte, das Weiche, das Beben
in einer dunkelnden Nacht.

Was schlimm ist

Wenn man kein Englisch kann,
von einem guten englischen Kriminalroman zu hören,
der nicht ins Deutsche übersetzt ist.

Bei Hitze ein Bier sehn,
das man nicht bezahlen kann.

Einen neuen Gedanken haben,
den man nicht in einen Hölderlinvers einwickeln kann,
wie es die Professoren tun.

Nachts auf Reisen Wellen schlagen hören
und sich sagen, daß sie das immer tun.

Sehr schlimm: eingeladen sein,
wenn zu Hause die Räume stiller,
der Café besser
und keine Unterhaltung nötig ist.

Am schlimmsten:
nicht im Sommer sterben,
wenn alles hell ist
und die Erde für Spaten leicht.

Teils – teils

In meinem Elternhaus hingen keine Gainsboroughs
wurde auch kein Chopin gespielt
ganz amusisches Gedankenleben
mein Vater war einmal im Theater gewesen
Anfang des Jahrhunderts
Wildenbruchs »Haubenlerche«
davon zehrten wir
das war alles.

Nun längst zu Ende
graue Herzen, graue Haare
der Garten in polnischem Besitz
die Gräber teils – teils
aber alle slawisch,
Oder – Neißelinie
für Sarginhalte ohne Belang
die Kinder denken an sie
die Gatten auch noch eine Weile
teils – teils
bis sie weiter müssen
Sela, Psalmenende.

Heute noch in einer Großstadtnacht
Caféterrasse
Sommersterne,
vom Nebentisch
Hotelqualitäten in Frankfurt
Vergleiche,
die Damen unbefriedigt
wenn ihre Sehnsucht Gewicht hätte
wöge jede drei Zentner.

Aber ein Fluidum! Heiße Nacht
à la Reiseprospekt und
die Ladies treten aus ihren Bildern:
unwahrscheinliche Beauties
langbeinig, hoher Wasserfall
über ihre Hingabe kann man sich gar nicht erlauben
nachzudenken.

Ehepaare fallen demgegenüber ab,
kommen nicht an, Bälle gehn ins Netz,
er raucht, sie dreht ihre Ringe
überhaupt nachdenkenswert
Verhältnis von Ehe und Mannesschaffen
Lähmung oder Hochtrieb.

Fragen, Fragen! Erinnerungen in einer Sommernacht
hingeblinzelt, hingestrichen,
in meinem Elternhaus hingen keine Gainsboroughs
nun alles abgesunken
teils – teils das Ganze
Sela, Psalmenende.

HÖR ZU:

Hör zu, so wird der letzte Abend sein,
wo du noch ausgehn kannst: du rauchst die »Juno«,
»Würzburger Hofbräu« drei, und liest die Uno,
wie sie der »Spiegel« sieht, du sitzt allein

an kleinem Tisch, an abgeschlossenem Rund
dicht an der Heizung, denn du liebst das Warme.
Um dich das Menschentum und sein Gebarme,
das Ehepaar und der verhasste Hund.

Mehr bist du nicht, kein Haus, kein Hügel dein,
zu träumen in ein sonniges Gelände,
dich schlossen immer ziemlich enge Wände
von der Geburt bis diesen Abend ein.

Mehr warst du nicht, doch Zeus und alle Macht,
das All, die grossen Geister, alle Sonnen
sind auch für dich geschehn, durch dich geronnen,
mehr warst du nicht, beendet wie begonnen –
der letzte Abend – gute Nacht.

Kann keine Trauer sein

In jenem kleinen Bett, fast Kinderbett, starb die Droste
(zu sehn in ihrem Museum in Meersburg),
auf diesem Sofa Hölderlin im Turm bei einem Schreiner,
Rilke, George wohl in Schweizer Hospitalbetten,
in Weimar lagen die großen schwarzen Augen
Nietzsches auf einem weißen Kissen
bis zum letzten Blick –
alles Gerümpel jetzt oder gar nicht mehr vorhanden,
unbestimmbar, wesenlos,
im schmerzlos ewigen Zerfall.

Wir tragen in uns Keime aller Götter,
das Gen des Todes und das Gen der Lust,
wer trennte sie: die Worte und die Dinge,
wer mischte sie: die Qualen und die Statt,
auf der sie enden, Holz mit Tränenbächen –
für kurze Stunden ein erbärmlich Heim.

Kann keine Trauer sein. Zu fern, zu weit,
zu unberührbar Bett und Tränen,
kein Nein, kein Ja,
Geburt und Körperschmerz und Glauben,
ein Wallen, namenlos, ein Huschen,
ein Überirdisches, im Schlaf sich regend,
bewegte Bett und Tränen –
schlafe ein!

JOHANNES BOBROWSKI

Pruzzische Elegie

Dir
ein Lied zu singen,
hell von zorniger Liebe –
dunkel aber, von Klage
bitter, wie Wiesenkräuter
naß, wie am Küstenhang die
kahlen Kiefern, ächzend
unter dem falben Frühwind,
brennend vor Abend –

deinen nie besungnen
Untergang, der uns ins Blut schlug
einst, als die Tage alle
vollhingen noch von erhellten
Kinderspielen, traumweiten –

damals in Wäldern der Heimat
über des grünen Meeres
schaumigem Anprall, wo uns
rauchender Opferhaine
Schauer befiel, vor Steinen,
bei lange eingesunknen
Gräberhügeln, verwachsnen
Burgwällen, unter der Linde,
nieder vor Alter, leicht –

wie hing Gerücht im Geäst ihr!
So in der Greisinnen Lieder
tönt noch,
kaum mehr zu deuten,
Anruf der Vorzeit –
wie vernahmen wir da

modernden, trüb verfärbten
Nachhalls Rest!
So von tiefen
Glocken bleibt, die zersprungen,
Schellengeklingel – –

Volk
der schwarzen Wälder,
schwer andringender Flüsse,
kahler Haffe, des Meers!
Volk
der nächtigen Jagd,
der Herden und Sommergefilde!
Volk
Perkuns und Pikolls,
des ährenumkränzten Patrimpe!
Volk,
wie keines, der Freude!
wie keines, keines! des Todes –

Volk
der schwelenden Haine,
der brennenden Hütten, zerstampfter
Saaten, geröteter Ströme –
Volk,
geopfert dem sengenden
Blitzschlag; dein Schreien verhängt vom
Flammengewölke –
Volk,
vor des fremden Gottes
Mutter im röchelnden Springtanz
stürzend –
Wie vor ihrer erzenen
Heermacht sie schreitet, aufsteigend
über dem Wald! wie des Sohnes
Galgen ihr nachfolgt! – –

Namen reden von dir,
zertretenes Volk, Berghänge,
Flüsse, glanzlos noch oft,
Steine und Wege –
Lieder abends und Sagen,
das Rascheln der Eidechsen nennt dich
und, wie Wasser im Moor,
heut ein Gesang, vor Klage
arm –

arm wie des Fischers Netzzug,
jenes weißhaarigen, ew'gen
am Haff, wenn die Sonne
herabkommt.

Lettische Lieder

Mein Vater der Habicht.
Großvater der Wolf.
Und der Ältervater der räubrische Fisch im Meer.

Ich, unbärtig, ein Narr,
an den Zäunen taumelnd,
mit schwarzen Händen
würgend ein Lamm um das Frühlicht. Ich,

der die Tiere schlug
statt des weißen
Herrn, ich folg auf zerspülten
Wegen dem Rasselzug,

durch der Zigeunerweiber
Blicke geh ich. Dann
am baltischen Ufer treff ich den Uexküll, den Herrn.
Er geht unterm Mond.

Ihm redet die Finsternis nach.

Die Memel

Hinter den Feldern, weit,
hinter den Wiesen
der Strom.
Von seinem Atem
aufweht die Nacht.
Über den Berg
fährt der Vogel und schreit.

Einmal mit dem Wind
gingen wir, stellten das Netz
in der Mündung des Wiesenbachs.
In den Erlen
hing die Laterne. Der Alte
nahm sie herab.
Das Schmugglerboot stieß auf den Sand.

Aus der Finsternis
kommst du, mein Strom,
aus den Wolken.
Wege fallen dir zu
und die Flüsse, Jura und Mitwa,
jung, aus Wäldern, und lehmschwer
Szeszupe. Mit Stangen die Flößer
treiben vorbei. Die Fähre
liegt auf dem Sand.

Und der Himmel
dunkelt von Vogelheeren.
In der Luft aus schlagenden Flügeln, hoch,
Schilflaut, Brunnenrauch, harziger Wälder Rauch.
An den Birken, über dem Ufer nun
stehn die Frauen, mit Bändern,
gelben und roten – eine,
an den gewölbten Leib
zieht sie die Töchter, die jungen
Söhne baden im Strom.

Strom,
alleine immer
kann ich dich lieben
nur.
Bild aus Schweigen.
Tafeln dem Künft'gen: mein Schrei.
Der nie dich erhielt.
Nun im Dunkel
halt ich dich fest.

Schattenland

Die Raschelstimmen,
Blätter, Vögel, drei Wege
kam ich
vor einem großen Schnee.
Auf dem Ufer, Grannen und Kletten
im Ringelhaar, mit ihren Hunden
Ragana schrie nach dem Fährmann, im Wasser
stand er, mitten im Fluß.

Einmal
folgend den Nebeln,
über die Senke mit goldenen Flügeln
zogen die Trappen, sie setzten
auf die Gräser den hornigen Fuß,
Licht flog, der Tag ihnen nach.

Kalt. Auf der Spitze des Grashalms
die Leere weiß
bis an den Himmel. Der Baum
aber alt, dort ist
ein Ufer, Nebel mit dünnen
Gelenken gehn auf dem Fluß.

Finsternis, wer hier lebt,
spricht mit des Vogels Stimme.
Ausgefahren sind
Windlichter über den Wäldern.
Kein Atem hat sie bewegt.

Liebeslieder

I

Als ich nachher von dir ging
An dem großen Heute
Sah ich, als ich sehn anfing
Lauter lustige Leute.

Und seit jener Abendstund
Weißt schon, die ich meine
Hab ich einen schönern Mund
Und geschicktere Beine.

Grüner ist, seit ich so fühl
Baum und Strauch und Wiese
Und das Wasser schöner kühl
Wenn ich's auf mich gieße.

Ach, wie sollen wir die kleine Rose buchen?
Plötzlich dunkelrot und jung und nah?
Ach, wir kamen nicht, sie zu besuchen
Aber als wir kamen, war sie da.

Eh sie da war, ward sie nicht erwartet.
Als sie da war, ward sie kaum geglaubt.
Ach, zum Ziele kam, was nie gestartet.
Aber war es so nicht überhaupt?

Die Geheimnisse des Liebeslebens

Es walten zwei Geschicke in der Liebe
Das eine wird geliebt, das andre liebt
Eins erntet Balsam und das andre Hiebe
Es nimmt das eine und das andre gibt.
Verhülle dein Gesicht, wenn Glut es rötet.
Verbiet dem Busen zu gestehen, was er litt!
Reich ihm, den du da liebst, das Messer, und er tötet.
Weiß er, du liebst ihn, macht er seinen Schnitt.

Die Lösung

Nach dem Aufstand des 17. Juni
Ließ der Sekretär des Schriftstellerverbands
In der Stalinallee Flugblätter verteilen
Auf denen zu lesen war, daß das Volk
Das Vertrauen der Regierung verscherzt habe
Und es nur durch verdoppelte Arbeit
Zurückerobern könne. Wäre es da
Nicht doch einfacher, die Regierung
Löste das Volk auf und
Wählte ein anderes?

Die Musen

Wenn der Eiserne sie prügelt
Singen die Musen lauter.
Aus gebläuten Augen
Himmeln sie ihn hündisch an.
Der Hintern zuckt vor Schmerz
Die Scham vor Begierde.

ROLF DIETER BRINKMANN

Einen jener klassischen

schwarzen Tangos in Köln, Ende des
Monats August, da der Sommer schon

ganz verstaubt ist, kurz nach Laden
Schluß aus der offenen Tür einer

dunklen Wirtschaft, die einem
Griechen gehört, hören, ist beinahe

ein Wunder: für einen Moment eine
Überraschung, für einen Moment

Aufatmen, für einen Moment
eine Pause in dieser Straße,

die niemand liebt und atemlos
macht, beim Hindurchgehen. Ich

schrieb das schnell auf, bevor
der Moment in der verfluchten

dunstigen Abgestorbenheit Kölns
wieder erlosch.

Kleiner Nordwind

Was willst du kürzen? Die Sehnsucht
nach einem brachen, eisigen Garten
im Norden unter dem Januarnachmittags
Licht? Zu der Tageszeit sind die Farben

am zartesten, wenn keiner dort geht.
Das Zeitungspapier von gestern
in der Manteltasche, Max, wo ist die zweite
Strophe? Meine Schreibmaschine ist

wieder kaputt, und es ist Mittwoch.
Außer dem Bett gab es nur noch zwei
Sitzgelegenheiten und den Fächer
mit der rhetorischen Aufschrift

Kleiner Nordwind im Zimmer, Fantomas neben
Band Drei der gesammelten Bekenntnisse
des Augustinus, in Schweinsleder gebunden.
Noch war es möglich, über ein Buch zu weinen,

als die kurzen Wintertage kamen mit dem
friedlichen Dunkel, der Glitzerfuß auf
dem wackeligen Hocker neben der tröpfelnden
Heizung, Max, die Notizen sind alle verloren.

Er hatte Schnupfen und wurde bekannt,
eine kubistische Einbildung. Heute sind
in den gläsernen Käfigen am Eingang
der großen öffentlichen Gebäude Männer,

die ihre Holzarme heben, Liebhaber von
Ouvertüren, Kreuzworträtseln, Lottozahlen,
schwedischen kalten Platten des Sex.
Ein dünner Lederhandschuh ist darüber

geklebt. Gibt es deswegen Tage, die so
trostlos sind wie eine handgeschriebene
Mitteilung im lichtlosen Hausflur?
Tesafilm hält den Zettel an der Wand

fest, die Spucke der praktischen Trauer.
Wohin ist, kleiner Nordwind, die Fantasie
gezogen? Sprache, du tust mir weh. Hat sie
die schwindsüchtigen Veilchen von der

Straßenecke aus dem Zimmer gefegt?
Nun spielt sie die Gitarre mit dem Hammer.
Die Freunde hörten auf, Exemplare ihrer
neuen Bücher zu schicken. Sie wußten,

daß ihre Werke sofort zum Antiquar
getragen wurden. Das ist ein Job, kleiner
Nordwind. Du stürzt in die Fahrstühle
und drückst die Gesichter an die

Rückwand. Wie störend, sagte er, wäre
ein Licht, das das Denken sichtbar
machen würde. Keiner würde etwas
sehen. Und, sagte er, in der Kunst

heißt Reichtum schlechter Geschmack.
Wir wissen längst, daß alle Bäume
grün sind. Was geschieht, wenn ich sie gelb
nenne? In den Pförtnerlogen warten sie

auf eine Erleuchtung, sentimentale
Knochen, die Rente. Jage sie zurück in den
kohlenlosen Winter, durch den Matsch der
Musik, endlose Kanäle,

Nordwind: der Winter mit den verdammt
hohen Gas und Lichtrechnungen ist wieder
da und zieht durch die Ritzen, daß man
die Motten kriegt und seine eigenen

Emotionen verzehrt wie ein Schweiß
Ausbruch mitten im Eis.

PAUL CELAN

Todesfuge

Schwarze Milch der Frühe wir trinken sie abends
wir trinken sie mittags und morgens wir trinken sie nachts
wir trinken und trinken
wir schaufeln ein Grab in den Lüften da liegt man nicht
                                                    eng
Ein Mann wohnt im Haus der spielt mit den Schlangen der
                                                  schreibt
der schreibt wenn es dunkelt nach Deutschland dein
                              goldenes Haar Margarete
er schreibt es und tritt vor das Haus und es blitzen die
                Sterne er pfeift seine Rüden herbei
er pfeift seine Juden hervor läßt schaufeln ein Grab in der
                                                    Erde
er befiehlt uns spielt auf nun zum Tanz

Schwarze Milch der Frühe wir trinken dich nachts
wir trinken dich morgens und mittags wir trinken dich
                                                  abends
wir trinken und trinken
Ein Mann wohnt im Haus der spielt mit den Schlangen der
                                                  schreibt
der schreibt wenn es dunkelt nach Deutschland dein
                              goldenes Haar Margarete
Dein aschenes Haar Sulamith wir schaufeln ein Grab in
                    den Lüften da liegt man nicht eng

Er ruft stecht tiefer ins Erdreich ihr einen ihr andern
                              singet und spielt
er greift nach dem Eisen im Gurt er schwingts seine
                              Augen sind blau
stecht tiefer die Spaten ihr einen ihr andern spielt weiter
                                            zum Tanz auf

Schwarze Milch der Frühe wir trinken dich nachts
wir trinken dich mittags und morgens wir trinken dich
abends
wir trinken und trinken
ein Mann wohnt im Haus dein goldenes Haar Margarete
dein aschenes Haar Sulamith er spielt mit den Schlangen
Er ruft spielt süßer den Tod der Tod ist ein Meister aus
Deutschland
er ruft streicht dunkler die Geigen dann steigt ihr als
Rauch in die Luft
dann habt ihr ein Grab in den Wolken da liegt man nicht
eng

Schwarze Milch der Frühe wir trinken dich nachts
wir trinken dich mittags der Tod ist ein Meister aus
Deutschland
wir trinken dich abends und morgens wir trinken und
trinken
der Tod ist ein Meister aus Deutschland sein Auge ist blau
er trifft dich mit bleierner Kugel er trifft dich genau
ein Mann wohnt im Haus dein goldenes Haar Margarete
er hetzt seine Rüden auf uns er schenkt uns ein Grab in
der Luft
er spielt mit den Schlangen und träumet der Tod ist ein
Meister aus Deutschland

dein goldenes Haar Margarete
dein aschenes Haar Sulamith

EIN Knirschen von eisernen Schuhn ist im Kirschbaum.
Aus Helmen schäumt dir der Sommer. Der schwärzliche
Kuckuck
malt mit demantenem Sporn sein Bild an die Tore des
Himmels.

Barhaupt ragt aus dem Blattwerk der Reiter.
Im Schild trägt er dämmernd dein Lächeln,
genagelt ans stählerne Schweißtuch des Feindes.
Es ward ihm verheißen der Garten der Träumer,
und Speere hält er bereit, daß die Rose sich ranke …

Unbeschuht aber kommt durch die Luft, der am meisten
dir gleichet:
eiserne Schuhe geschnallt an die schmächtigen Hände,
verschläft er die Schlacht und den Sommer. Die Kirsche
blutet für ihn.

Schibboleth

Mitsamt meinen Steinen,
den großgeweinten
hinter den Gittern,

schleiften sie mich
in die Mitte des Marktes,
dorthin,
wo die Fahne sich aufrollt, der ich
keinerlei Eid schwor.

Flöte,
Doppelflöte der Nacht:
denke der dunklen
Zwillingsröte
in Wien und Madrid.

Setz deine Fahne auf Halbmast,
Erinnrung.
Auf Halbmast
für heute und immer.

Herz:
gib dich auch hier zu erkennen,
hier, in der Mitte des Marktes.
Ruf's, das Schibboleth, hinaus
in die Fremde der Heimat:
Februar. No pasaran.

Tenebrae

Nah sind wir, Herr,
nahe und greifbar.

Gegriffen schon, Herr,
ineinander verkrallt, als wär
der Leib eines jeden von uns
dein Leib, Herr.

Bete, Herr,
bete zu uns,
wir sind nah.

Windschief gingen wir hin,
gingen wir hin, uns zu bücken
nach Mulde und Maar.

Zur Tränke gingen wir, Herr.

Es war Blut, es war,
was du vergossen, Herr.

Es glänzte.

Es warf uns dein Bild in die Augen, Herr.
Augen und Mund stehn so offen und leer, Herr.
Wir haben getrunken, Herr.
Das Blut und das Bild, das im Blut war, Herr.

Bete, Herr.
Wir sind nah.

Engführung

*

Verbracht ins
Gelände
mit der untrüglichen Spur:

Gras, auseinandergeschrieben. Die Steine, weiß,
mit den Schatten der Halme:
Lies nicht mehr – schau!
Schau nicht mehr – geh!

Geh, deine Stunde
hat keine Schwestern, du bist –
bist zuhause. Ein Rad, langsam,
rollt aus sich selber, die Speichen
klettern,
klettern auf schwärzlichem Feld, die Nacht
braucht keine Sterne, nirgends
fragt es nach dir.

                 Nirgends
                         fragt es nach dir –

Der Ort, wo sie lagen, er hat
einen Namen – er hat
keinen. Sie lagen nicht dort. Etwas
lag zwischen ihnen. Sie
sahn nicht hindurch.

Sahn nicht, nein,
redeten von
Worten. Keines
erwachte, der
Schlaf
kam über sie.

*

Kam, kam. Nirgends
fragt es –

Ich bins, ich,
ich lag zwischen euch, ich war
offen, war
hörbar, ich tickte euch zu, euer Atem
gehorchte, ich
bin es noch immer, ihr
schlaft ja.

*

Bin es noch immer –

Jahre.
Jahre, Jahre, ein Finger
tastet hinab und hinan, tastet
umher:
Nahtstellen, fühlbar, hier
klafft es weit auseinander, hier
wuchs es wieder zusammen – wer
deckte es zu?

*

Deckte es
zu – wer?

Kam, kam.
Kam ein Wort, kam,
kam durch die Nacht,
wollt leuchten, wollt leuchten.

Asche.
Asche, Asche.
Nacht.
Nacht-und-Nacht. – Zum
Aug geh, zum feuchten.

*

                    Zum
                        Aug geh,
                            zum feuchten –

Orkane.
Orkane, von je,
Partikelgestöber, das andre,
du
weißts ja, wir
lasens im Buche, war
Meinung.

War, war
Meinung. Wie
faßten wir uns
an – an mit
diesen
Händen?

Es stand auch geschrieben, daß.
Wo? Wir
taten ein Schweigen darüber,
giftgestillt, groß,
ein
grünes
Schweigen, ein Kelchblatt, es
hing ein Gedanke an Pflanzliches dran –

grün, ja,
hing, ja,
unter hämischem
Himmel.

An, ja,
Pflanzliches.

Ja.
Orkane, Par-
tikelgestöber, es blieb
Zeit, blieb,
es beim Stein zu versuchen – er
war gastlich, er
fiel nicht ins Wort. Wie
gut wir es hatten:

Körnig,
körnig und faserig. Stengelig,
dicht;
traubig und strahlig; nierig,
plattig und
klumpig; locker, ver-
ästelt –: er, es
fiel nicht ins Wort, es
sprach,
sprach gerne zu trockenen Augen, eh es sie schloß.

Sprach, sprach.
War, war.

Wir
ließen nicht locker, standen
inmitten, ein
Porenbau, und
es kam.

Kam auf uns zu, kam
hindurch, flickte
unsichtbar, flickte
an der letzten Membran,
und
die Welt, ein Tausendkristall,
schoß an, schoß an.

*

                       Schoß an, schoß an.
                             Dann –

Nächte, entmischt. Kreise,
grün oder blau, rote
Quadrate: die
Welt setzt ihr Innerstes ein
im Spiel mit den neuen
Stunden. – Kreise,
rot oder schwarz, helle
Quadrate, kein
Flugschatten,
kein
Meßtisch, keine
Rauchseele steigt und spielt mit.

*

                       Steigt und
                           spielt mit –

In der Eulenflucht, beim
versteinerten Aussatz,
bei
unsern geflohenen Händen, in
der jüngsten Verwerfung,
überm
Kugelfang an
der verschütteten Mauer:

sichtbar, aufs
neue: die
Rillen, die

Chöre, damals, die
Psalmen. Ho, ho-
sianna.

Also
stehen noch Tempel. Ein
Stern
hat wohl noch Licht.
Nichts,
nichts ist verloren.

Ho-
sianna.

In der Eulenflucht, hier,
die Gespräche, taggrau,
der Grundwasserspuren.

*

               (– – taggrau,
                          der
                              Grundwasserspuren –

Verbracht
ins Gelände
mit
der untrüglichen
Spur:

Gras.
Gras,
auseinandergeschrieben.)

Tübingen, Jänner

Zur Blindheit über-
redete Augen.
Ihre – »ein
Rätsel ist Rein-
entsprungenes« –, ihre
Erinnerung an
schwimmende Hölderlintürme, möwen-
umschwirrt.

Besuche ertrunkener Schreiner bei
diesen
tauchenden Worten:

Käme;
Käme ein Mensch,
käme ein Mensch zur Welt, heute, mit
dem Lichtbart der
Patriarchen: er dürfte,
spräch er von dieser
Zeit, er
dürfte
nur lallen und lallen,
immer-, immer-
zuzu.

(»Pallaksch. Pallaksch.«)

Eine Gauner- und Ganovenweise
gesungen zu Paris Emprès Pontoise
von Paul Celan
aus Czernowitz bei Sadagora

> Manchmal nur, in dunkeln Zeiten,
> *Heinrich Heine, An Edom*

Damals, als es noch Galgen gab,
da, nicht wahr, gab es
ein Oben.

Wo bleibt mein Bart, Wind, wo
mein Judenfleck, wo
mein Bart, den du raufst?

Krumm war der Weg, den ich ging,
krumm war er, ja,
denn, ja,
er war gerade.

Heia.

Krumm, so wird meine Nase.
Nase.

Und wir zogen auch nach *Friaul*.
Da hätten wir, da hätten wir.
Denn es blühte der Mandelbaum.
Mandelbaum, Bandelmaum.

Mandeltraum, Trandelmaum.
Und auch der Machandelbaum.
Chandelbaum.

Heia.
Aum.

Envoi

Aber,
aber er bäumt sich, der Baum. Er,
auch er
steht gegen
die Pest.

der äste Auch

»sowie das schwanken kahl war und das rauschen grün«:
– das ist feuer. feuer wurde auch: »weil ziehn
das grüne kreuzen ist und züchten solches ranken,
– das ist feuer«. – wurde so nicht »seit das schwanken

dies in das neigen jedes angebauten setzt«
auch dieses feuer in dem feuer, wenn auch jetzt
»obwohl in zu verfärbendes die saaten hingen«
nichts andres als ein feuer wurde und »ob düngen

des grünenden nicht auch gekreuztes rascheln war,
ob feuer als ein feuer?« auch war feuer, da
wo »wo das kahle feuer war die zuchten« jenem
auch feuerte: »damit das ranken wurde säen,
das sei das feuer« war auch feuer, so gerauschtes:
»so ist das feuer auch – so bald d i e s : angebautes!«

tigerpapier

aus den trümmern allen schäumens
solcher gischt von fetzen
hebt sich der löwe des bedeutens,
schüttelt seine mähne
– pflanzen, wörter, glück – und
heiter, mit der ganzen pracht der angst,
mit der ganzen wucht der wut,
brüllt er, schifft und vögelt
(möve seines besten stücks),
zerknüllt sich funkelnd so in jede beute,
speit auch schön, was gutes er hier tut,
schneidet schliesslich
– lamm des eigenen begreifens – sich
in streifen und zerspringt
mit diesem satz nach allen seiten:

Treiben

Von braunen Pausen ist die Nacht durchlöchert.
Sie kommt zu uns aus marokkanischer Ferne.
In ihren runden Händen aufgefächert,
drehn sich wie Messingteller keß die Sterne.
Sie nimmt von jeder Wand den Putz des Lichtes,
befiehlt der Tür, sich tierisch zu betragen.
Im Hinterhof verschlagenen Gesichtes
läßt sie den Schatten Purzelbäume schlagen.
Ans Fenster steckt sie einen Brief des Mondes.
Den lesen Zimmer, krümmen sich zu Bäuchen,
worin, als sei es etwas Altgewohntes,
hohl Heizungsrippen bersten, Schränke keuchen.
Sogar Beamten kann es jetzt passieren,
daß sich vor ihren Augen Stühle paaren,
daß sie aus schweren Spiegeln ihre wirren
Gesichter kalt wie haarige Krebse scharren.
Die Kirchen lassen ihre Glocken gähnen
und lungern steifen Fußes auf den Plätzen
herum. Und ihre Uhren-Augen tränen:
Sie müssen stehn und dürfen sich nicht setzen.
Dann sind die Träume, die uns groß verwöhnen,
auf ihren schattigen Stühlen eingeschlafen;
nur Dichter, welche mit gezinkten Zähnen
um Silben spielen, sind noch wach und gaffen.

Eremit, von Crivelli

In honigbraunen Boden bohrt er Pfirsichfüße,
daneben aufgeklappt sein Buch. Sandalen –
bananengelb ihr Holz. Geschliffen strahlen
die Steine, breit wie Wal-, wie Sechskantnüsse,
die seine Höhle wohl wie Schindeln decken.
Ein Weißdorn steht davor. Sein Stamm ist faltig
wie ein gedörrter Schlund. Gewaltig
führt rechts ein Weg. Ein Tempel zeigt die Ecken.
Der Mann da träumt wohl. Altklug klafft ein Tümpel
im Boden neben seinen Knien, das Wasser
hat grün bestriemte Haut, – wie Stachelbeeren.
Durchschimmert soviel Honigerde – wären
die Bäume nur so süß! Der Weiberhasser
verharrt auf seiner ranzigen Höhlenstiege,
liebt weder Sonne, Blume, Kuh noch Ziege!

KURT DRAWERT

Gedicht, als Brief angekommen, 15. 7. 1981

»Der Antrag auf eine Reise
in das nichtsozialistische Ausland
ging bei uns ein & wurde
gründlich beraten. Leider
ist es nicht möglich, Deinen Antrag
zu realisieren, da alle Reisen
vergeben sind.

          Freundschaft«

GÜNTER EICH

Inventur

Dies ist meine Mütze,
dies ist mein Mantel,
hier mein Rasierzeug
im Beutel aus Leinen.

Konservenbüchse:
Mein Teller, mein Becher,
ich hab in das Weißblech
den Namen geritzt.

Geritzt hier mit diesem
kostbaren Nagel,
den vor begehrlichen
Augen ich berge.

Im Brotbeutel sind
ein Paar wollene Socken
und einiges, was ich
niemand verrate,

so dient es als Kissen
nachts meinem Kopf.
Die Pappe hier liegt
zwischen mir und der Erde.

Die Bleistiftmine
lieb ich am meisten:
Tags schreibt sie mir Verse,
die nachts ich erdacht.

Dies ist mein Notizbuch,
dies meine Zeltbahn,
dies ist mein Handtuch,
dies ist mein Zwirn.

Ende eines Sommers

Wer möchte leben ohne den Trost der Bäume!

Wie gut, daß sie am Sterben teilhaben!
Die Pfirsiche sind geerntet, die Pflaumen färben sich,
während unter dem Brückenbogen die Zeit rauscht.

Dem Vogelzug vertraue ich meine Verzweiflung an.
Er mißt seinen Teil von Ewigkeit gelassen ab.
Seine Strecken
werden sichtbar im Blattwerk als dunkler Zwang,
die Bewegung der Flügel färbt die Früchte.

Es heißt Geduld haben.
Bald wird die Vogelschrift entsiegelt,
unter der Zunge ist der Pfennig zu schmecken.

Weg zum Bahnhof

Noch schweigt die Fabrik,
verödet im Mondschein.
Das Frösteln des Morgens
wollt ich gewohnt sein!

Rechts in der Jacke
die Kaffeeflasche,
die frierende Hand
in der Hosentasche,

so ging ich halb schlafend
zum Sechsuhrzug,
mich griffe kein Trauern,
ich wär mir genug.

Nun aber rührt der warme Hauch
aus den Bäckerein
mein Herz an wie eine Zärtlichkeit
und ich kann nicht gelassen sein.

17 Formeln

1

Hoffnung, alte Wolfsfährte

2

Mein Versteck in der Dreiteilung des Winkels

3

Eine Knotenschrift für Regina Ohlsen

4

Erleuchtet durch hölzerne Verschläge

5

Gerüche aus Bildzeitungen

6

Katzenschatten, stille Feiung gegen das Glück!

7

Eunuchen im Ausverkauf

Zuversicht

In Saloniki
weiß ich einen, der mich liest,
und in Bad Nauheim.
Das sind schon zwei.

Abschied von einer Stadt: Wittenberge

Als ich dich verließ, stach Sturm durchs Geländer der
                    Brücke.
Rauchfahnen hingen dir wirr ins Gesicht wie schmutziges
                    Haar.
Häßliche Schöne! Mit der Kette der Abschiedsblicke
Bind ich für immer dich an mich –
       mein Herz ist ein Archivar:

Als ich dich verließ, sind Eisschollen nordwärts
                    geschwommen;
Um sie haben sich rötliche Schaumballen tänzelnd
                    gedreht,
Speichel des Werks, die aus Röhrenmund stoßweise
                    kommen.
Du hast mir als Abschiedsgruß Gestank wie von Lumpen
                    geweht ...

Dumpf klapperten über die Elbe die steinernen Platten
Der Brücke, die sich den Rädern als Tamburin spannt.
Dann nahmen Wolken mich in ihren wandernden
                    Schatten.
Von einer spröden Geliebten, unglücklich geliebt –
       plötzlich hab ich mich abgewandt!

Ballade vom Zionskirchplatz

Vier Freunde waren wir, wir waren Freunde, vier,
Am Zionskirchplatz im Gesträuch im Nieselregen,
Daß keiner, was auch kommt, den andern je verlier,
Acht Hände, die sich aufeinanderlegen –

Der Platz ein Rosenbeet! Zwei Freunde sind dahin.
Heinz, wie verschwand er durch die
                                Stacheldrahtverhaue?
Die gut geseifte Schlinge unterm Doppelkinn
Starb Herbert, und er schien uns stets der Laue.

Vier Freunde waren wir, wir waren Freunde, vier,
Und immer grübelnd wir und lärmende Gemeinde!
Steif sitzen zwei Genossen nah der Kneipentür,
Stumm, steif, nervös – zwei Freunde oder Feinde?

Das Lied vom Fleiß

Laßt mich allein nun! Endlich laßt michs singen,
Das Lied vom Fleiße, das ich singen will.
Einhundert Zeilen wird mein Fleiß erzwingen
Und fünfzig Doppelreime. Also still!
Hier wird das Lied auf meinen Fleiß geschrieben:
O großer Fleiß, der schon die Zeile sechs
(Sie wars), der also schon die Zeile sieben
Mit Lippen abzählt –: Zeigt mir das Gewächs,
Das schneller wächst! Kein Wägelchen mit Reisern
Ist rascher voll als dies mein Büchlein, ja!
So, Brüder, tut der Fleiß – kantianisch, eisern! –,
Fleiß von der Art, wie ich ihn oft schon sah
In unserm Land. Erkennt und prüft euch, Helden!:
Fleiß, eisern sinnlos, wär nicht heldenhaft?
Mich aber laßt als Zwischenmeldung melden:
Die Zeile sechzehn, seht, ist schon geschafft!
Mag unser Himmel blauen, mag er regnen,
Einhundert Zeilen her!, seis mit Gewalt,
Ihn, der sich selbst genügt, den Fleiß zu segnen,
Und seine Jünger, deren Chor erschallt:
»Hauptsache: fleißig! Alles andre: Scheiße!
Wer nach dem Sinn fragt, ist ein armer Tropf!«
Der Lehrling schon hört diesen Vers vom Fleiße,
Der Meister nickt mit dem Charakterkopf:

»Betrieb, Betrieb!« So dieses Epos, Lieschen:
Nicht Geistesblitze kennts noch Phantasie,
Ich pflanze hundert Zeilen wie Radieschen,
Brech Reim um Reim wie Kleinholz übers Knie.
Der ich nicht Wochen-, Monatslohn empfange,
Ich übertreffe alle! Freunde, geht,
Ein Hymnus, lang wie eine Hopfenstange
Und spannend wie ein Defa-Film, entsteht!
Hier schlägt der Fleiß heroischste Bataille!
Ich übertreffe alle – nichts als Schweiß
Wird mir zum Lohn, nicht Orden noch Medaille
Erstreb ich oder Heinrich-Heine-Preis!
Auch nicht aus Lust und Liebe, liebe Grete,
Wird hier gedichtet, nicht aus Lieb' und Lust
Der Hymnus, Vers an Vers wie Spargelbeete,
Hier hebt der Fleiß an sich die Heldenbrust:
Die Zeile einundvierzig ist errungen!
Die Zeile zweiundvierzig liegt schon vor!
Die Zeile dreiundvierzig wird gesungen!
Die Zeile vierundvierzig summt ums Ohr!
Der Reim auf Nest, Inzest und Pest rückt näher,
Da ich die fünfzigste begehen kann –
Und fließt der Strom der Zeilen etwas zäher,
Ich peitsch ihn weiter wie ein Reitersmann
Beim Endspurt in der letzten Zielgerade,
O Fleiß, der meinen Herzschlag stottern läßt!
Dies war sie! Nummer fünfzig! Schade, schade,
Wie bald vorüber! Doch ein kleiner Rest
Heißen Triumphes wird mich weiterjagen
Vielleicht noch zwei, drei Zeilen, wenn nicht vier –
Schon fällt, ich eile mich, sie einzutragen,
Die Zeile siebnundfünfzig, diese hier!
– »Glanzlose Zahl und schlicht, wie rasch vergessen!
Und grade die Bescheidnen solltest du
Mit einem Toast und einem kleinen Essen
Zuweilen ehren! Eine Fuffzehn, nu? …«
Der Satan! Ich verscheuch ihn, zähl die Zeilen.
Vergeblich lockt des Teufels süßer Leim.

Ja, atemlos von Reim zu Reim sich seilen
Will Dichters Fleiß, zetBe zu diesem Reim:
Die fünfundsechzigste der Zeilen, Brüder!
Erheb dich, Leser, meinem Fleiße Ruhm!
Setz dich, Genosse, und erheb dich wieder.
(Der Fleiß, der Fleiß nur ist mein Heiligtum!)
Du näherst dich der siebenzicksten Zeile.
Ich sage: siebenzick! Sie ists mir wert.
Wer lächelt oder lacht, verdiente Keile –
Die Zeile siebenzick, in ihr mein Fleiß geehrt!
Und monoton ertönts von fleißiger Leier:
Die Zeile siebzig hab ich dargebracht,
Die siebzigste. – »Noch immer keine Feier?
Sinds nicht schon beinah siebenzick und acht?«
Nein, nein, es sind erst siebenzick und sieben!
Vers achtundsiebzig ist erst dieser, schau!
(Ach, möchten sie wie Schnee, die Zeilen, stieben …)
Die Zeile achtzig, bitte, schöne Frau!
Die Zeile einundachtzig! – Und der Dichter,
Er überlegt: War sie nicht allzu schwach?
Ein plapperndes und meckerndes Gelichter
Die Verse, die ihn überfallen: Ach,
Ob nicht, eh ich des Liedes Schlußsatz tippe,
Freund Hein erscheint, der keinen noch verfehlt'?
Steht er schon hinter mir mit seiner Hippe?
Wie mancher fragt sich, solchem Fleiß vermählt,
Eh er sein Pensum Punkt für Punkt geschafft hat,
Fragt bänglich, ob ers noch erreicht, sein Ziel?
Ob er für solchen Fleiß noch länger Kraft hat?
– »Wo ist der Sinn? Wärs wenigstens ein Spiel!«
Ja, mancher Held ward endlich schwach, mein Lieber –
Ich bin ein Preuße und erfüll es strikt,
Mein Pensum, ich erfüll es notfalls über:
Die Zeile sechsundneunzig ist geglückt!
Die Zeile siebnundneunzig! Stolz verwundert
Seh ich das Lied auf meinen Fleiß gereift.
Hier ist der Gipfel, hier die Zeile hundert:
– »Gebt mir den Strick da, doch gut eingeseift!«

Ballade / Aus den Heften des irren Fürsten

Oh der windigen Winterwelt!
Wie ganz aus Geheimnis gemodelt!
Wie aus Sternenstaub hergestellt!
All die Wochen, die man verrodelt …
Doch plötzlich sind Stimmen, gelln schrill
Zwei Gesellen beim Wortgefechte:
Jetzt die rechte Stimme, links still
Die linke, dann wieder die rechte;
Ich unbemerkt hinter dem Stamm,
Dem dicken der uralten Eiche,
Und lauschend … – Als nächster sprach stramm
Von links zu dem Schwarzen der Bleiche:
»Ein Zeitzünder bin ich und quick!
Hörn Sie, Madame, dieses Ticken!
Pick, pick, pick, pick, pick, pick, pick, pick!
Bald heißt es, das Köpflein zu zücken!,
Madame, spitz, aus Dornen den Dorn …«
Ich vergaß fast das Rodelwandern:
Was verhandelten die da vorn?
Der Schwarze von rechts zu dem andern:
»Und das alles fein abgeschmeckt!
Man könnte die Seegrasmatratzen
Verwenden, die kaum schon befleckt …«
Weiß: »Hütet euch, ekele Glatzen!
Jetzt klickklackerts, klickert es, klackt!
Das Köpflein entriegelt, entriegelt …
Jetzt wird wieder schärfer geflaggt!
Jetzt wird wieder breiter gebügelt
Und Brett gegen Brett gegen Brett!
Oh der schmetternden Pirouette …«
»Wenn« – drauf Schwarz – »ich das Sagen hätt,
Ich sagte nur eines, Herr! – Jette!«
Weiß: »Recht so! Ob dünn oder fett,
Wie von eines Malers Palette
Falle sie jäh aus dem Bett!
Mehr sag ich nicht!« – »Zigarette?«

– »Eh ich mein Leben verwett!
Sehr gern, Herzog Ernst, ich rauch Kette!
So sey ich, und sind Sie so nett
Und entfernen vom Haupt mir die Klette,
Das A schlägt den Bogen zum Zet,
In eurem Bund der Adrette!«
Sie schwiegen wie plötzlich verwaist …
Fern rief ein Glöckchen zur Mette.
Bewegt und bereichert, voll Geist,
Ermutigt verließ ich die Stätte

Einführung in die Handelskorrespondenz

Mit freundlichen Grüßen
Mit grämlichem Hüsteln
Mit christlichem Frösteln
Mit fiesen Grimassen
Mit geilen Finessen
Mit feistem Gewinsel
Mit schwülem Gefasel
Mit schweißigen Nüstern
Mit heiserem Schmatzen
Mit schleimigem Kitzeln
Mit lüsternen Fratzen
Mit fleischigen Küssen
Mit schäumenden Fisteln
Mit freudigem Geifern
Mit scheußlichen Fotzen
Mit fröhlichem Knirschen
Mit kreischenden Flüchen
Mit freundlichen Grüßen

Abendmahl. Venezianisch, 16. Jahrhundert

I

Als ich mein *Letztes Abendmahl* beendet hatte,
fünfeinhalb mal knapp dreizehn Meter,
eine Heidenarbeit, aber ganz gut bezahlt,
kamen die üblichen Fragen.
Was haben diese Ausländer zu bedeuten
mit ihren Hellebarden? Wie Ketzer
sind sie gekleidet, oder wie Deutsche.

Finden Sie es wohl schicklich,
dem Heiligen Lukas
einen Zahnstocher in die Hand zu geben?
Wer hat Sie dazu angestiftet,
Mohren, Säufer und Clowns
an den Tisch Unseres Herrn zu laden?
Was soll dieser Zwerg mit dem Papagei,
was soll der schnüffelnde Hund,
und warum blutet der Mameluck aus der Nase?
Meine Herrn, sprach ich, dies alles
habe ich frei erfunden zu meinem Vergnügen.
Aber die Sieben Richter der Heiligen Inquisition
raschelten mit ihren roten Roben
und murmelten: Überzeugt uns nicht.

II

Oh, ich habe bessere Bilder gemalt;
aber jener Himmel zeigt Farben,
die ihr auf keinem Himmel findet,
der nicht von mir gemalt ist;
und es gefallen mir diese Köche
mit ihren riesigen Metzgersmessern,
diese Leute mit Diademen, mit Reiherbüschen,
pelzverbrämten, gezaddelten Hauben
und perlenbestickten Turbanen;
auch jene Vermummten gehören dazu,
die auf die entferntesten Dächer
meiner Alabaster-Paläste geklettert sind
und sich über die höchsten Brüstungen beugen.
Wonach sie Ausschau halten,
das weiß ich nicht. Aber weder euch
noch den Heiligen schenken sie einen Blick.

III

Wie oft soll ich es euch noch sagen!
Es gibt keine Kunst ohne das Vergnügen.
Das gilt auch für die endlosen Kreuzigungen,
Sintfluten und Bethlehemitischen Kindermorde,
die ihr, ich weiß nicht warum,
bei mir bestellt.
Als die Seufzer der Kritiker,
die Spitzfindigkeiten der Inquisitoren
und die Schnüffeleien der Schriftgelehrten
mir endlich zu dumm wurden,
taufte ich das *Letzte Abendmahl* um
und nannte es
Ein Dîner bei Herrn Levi.

IV

Wir werden ja sehen, wer den längeren Atem hat.
Zum Beispiel meine *Heilige Anna selbdritt.*
Kein sehr amüsantes Sujet.
Doch unter den Thron,
auf den herrlich gemusterten Marmorboden
in Sandrosa, Schwarz und Malachit,
malte ich, um das Ganze zu retten,
eine Suppenschildkröte mit rollenden Augen,
zierlichen Füßen und einem Panzer
aus halb durchsichtigem Schildpatt:
eine wunderbare Idee.
Wie ein riesiger, kunstvoll gewölbter Kamm,
topasfarben, glühte sie in der Sonne.

V

Als ich sie kriechen sah,
fielen mir meine Feinde ein.
Ich hörte das Gebrabbel der Galeristen,
das Zischeln der Zeichenlehrer

und das Rülpsen der Besserwisser.
Ich nahm meinen Pinsel zur Hand
und begrub das Geschöpf,
bevor die Schmarotzer anfangen konnten,
mir zu erklären, was es bedeute,
unter sorgfältig gemalten Fliesen
aus schwarzem, grünem und rosa Marmor.
Die *Heilige Anna* ist nicht mein berühmtestes,
aber vielleicht mein bestes Bild.
Keiner außer mir weiß, warum.

Es saß ein klein

(wild Vögelein

Auf einem grünen Ästchen.

»Heim zu den Genüssen«. Eine einzelne Sau mit vierzehn oder wieviel prallen Zitzen und ein einsames, einzelnes Ferkel, das an ihnen ohne nachzuzählen saugt. Es weiß der Stall vor Scham, vor Stall, vor Unbill nicht, wo er sich lassen soll.

Es sang die ganze Winternacht,

Die Kohlen für morgen stehn schon bereit.
Das neue Blumenbuch, »Balkonblumen«.
Die frische Zeitung zum Essen.
Die schmauchenden Trümmer.

Die Stimm tät laut erschallen.

In rosigem Licht gefundenes Fressen.

»Der Zupfgeigenhansel«)

Schlamm

Die tief auf den Bach niederhängenden Zweige waren

nach

dem Hochwasser von Schlammkrusten bedeckt, die

LIPPEN

glichen, jenen trockenen LIPPEN
natürlich jäh, die wie MÜNDUNGEN
eines glühenden Treibens stehen aus Körpern. Aber

nichts hindert mich, aufflammend MÜNDERN
es anzusehen, daß sie ein Ende verschloß wie Schlamm.
Viele LIPPEN
nebeneinander. Auf den schwankenden Zweigen
VERSAMMELTE REIHEN.
Wartend in armer Unsicherheit. Hell. Einer Zukunft
tief untertan, die sie löse. EINE VERSAMMLUNG
sinnlos aneinandergereihter LIPPEN
waren sie, eine dem Kommenden sichtlich
                                    untergeschobene
und diese Zweige grau besetzende, dennoch zukunftslose
ANSAMMLUNG VON FORMEN,
verlassen, ehe das verkrustete Bild wieder auftaucht. –
Ihre Zeit überdauern MÜNDER VON GESICHTERN
in STEIN
geschlagen mit ewiger Kunst.

ROBERT GERNHARDT

Schwanengesang

Was wollen die Schwäne uns sagen?
Wir leben und schweben
wir kreisen und weisen
wir finden und binden
wir ketten und retten
wir halten und walten
wir schlichten und richten
wir sind überhaupt ganz tolle Vögel –
das wollen die Schwäne uns sagen.

Materialien zu einer Kritik der bekanntesten Gedichtform italienischen Ursprungs

Sonette find ich sowas von beschissen,
so eng, rigide, irgendwie nicht gut;
es macht mich ehrlich richtig krank zu wissen,
daß wer Sonette schreibt. Daß wer den Mut

hat, heute noch so'n dumpfen Scheiß zu bauen;
allein der Fakt, daß so ein Typ das tut,
kann mir in echt den ganzen Tag versauen.
Ich hab da eine Sperre. Und die Wut

darüber, daß so'n abgefuckter Kacker
mich mittels seiner Wichserein blockiert,
schafft in mir Aggressionen auf den Macker.

Ich tick nicht, was das Arschloch motiviert.
Ich tick es echt nicht. Und wills echt nicht wissen:
Ich find Sonette unheimlich beschissen.

Psalm

Bei dem Tanz ums goldene Kalb
gab es unschöne Szenen.
Ich möchte hier nur dreieinhalb
der unschönsten erwähnen:

David beispielsweise trat
Aaron auf die Zehen,
was er mit dem Satz abtat,
es sei gern geschehen.

Oder Saul, der plötzlich schrie,
er sei Gottes Enkel,
denn er trage seine Knie
unterhalb der Schenkel.

Oder Habakuk, der Hirt,
der beim Tanz so patzte,
daß sein Leitbock sich verwirrt
an den Leisten kratzte.

Oder Moses, der das Kalb,
statt es zu erschießen –
doch das sind schon dreieinhalb
Szenen. Ich muß schließen.

Sela.

Spätsommertag (15. 9. 79)

Nun ist der Wein bereits am Sichverfärben.
Die ersten Blätter lappen leicht ins Gelbe.
Die Sonne hält voll drauf. Exakt dieselbe,
die erst ihr Grünen sah, sieht nun ihr Sterben.

Und dennoch wäre es echt schwach zu glauben,
den ganzen Terror könne man vergessen.
Blattmäßig läuft nichts mehr. Gebongt. Stattdessen
schwillt neues Leben, ach, zu prallen Trauben.

Herbstlicher Baum in der Neuhaußstraße

Wie sehr bemerkenswert ist doch
ein dunkler Baum, durch den ein Wind geht,
wenn dieser Wind schön mild ist und
der große Baum scharf gegens Licht steht,
doch so, daß er am andern Rand
sich ganz und gar vereint dem Glänzen.
So also, links vom Licht begrenzt
und rechts so lichterfüllt, daß Grenzen
im Leuchten einfach weg sind und
ein Seufzer kommt aus meinem Mund.

Nachdem er durch Metzingen gegangen war

Dich will ich loben: Häßliches,
du hast so was Verläßliches.

Das Schöne schwindet, scheidet, flieht –
fast tut es weh, wenn man es sieht.

Wer Schönes anschaut, spürt die Zeit,
und Zeit meint stets: Bald ist's soweit.

Das Schöne gibt uns Grund zur Trauer.
Das Häßliche erfreut durch Dauer.

Schamerfüllter Dichter

Daß der Wolf
Daß der Wolf Biermann
Daß der wortgewaltige Wolf Biermann
All sein Lebtag nichts zu Papier gebracht hat
Was sich dem vergleichen ließe, was dieser Spitzel
Was dieser gottverlassne Stasi-Spitzel in jener Nacht
                                            notierte:

»Wolf Biermann führte mit einer Dame
Geschlechtsverkehr durch.
Später erkundigt er sich,
ob sie Hunger hat.
Die Dame erklärt, daß sie gern
einen Konjak trinken würde.
Es ist Eva Hagen.
Danach ist Ruhe im Objekt.«

Daß das nicht schlecht sei
Daß das bei Gott ziemlich gut sei
Daß das verdammt noch mal besser sei als s.o. –:
Das denkt er, und er schämt sich.

ping pong
   ping pong ping
   pong ping pong
      ping pong

schweigen schweigen schweigen
schweigen schweigen schweigen
schweigen   schweigen
schweigen schweigen schweigen
schweigen schweigen schweigen

das schwarze geheimnis
ist   hier
hier   ist
das schwarze geheimnis

fliegt

fliegt
    strömt entgegen
fliegt
    breitet sich aus
fliegt
    umhüllt
fliegt
    verdünnt sich
fliegt
    löst sich auf
fliegt

sich zusammenschliessen

sich zusammenschliessen und
sich abgrenzen

die mitte bilden und
wachsen

die mitte teilen und
in die teile wachsen

in den teilen sein und
durchsichtig werden

sich zusammenschliessen und
sich abgrenzen

vom rand

vom rand
nach innen

im innern
zur mitte

durchs zentrum
der mitte

nach aussen
zum rand

du blau

du blau
du rot
du gelb
du schwarz
du weiss
du

Polnische Fahne

Viel Kirschen die aus diesem Blut
im Aufbegehren deutlich werden,
das Bett zum roten Inlett überreden.

Der erste Frost zählt Rüben, blinde Teiche,
Kartoffelfeuer überm Horizont,
auch Männer halb im Rauch verwickelt.

Die Tage schrumpfen, Äpfel auf dem Schrank,
die Freiheit fror, jetzt brennt sie in den Öfen,
kocht Kindern Brei und malt die Knöchel rot.

Im Schnee der Kopftücher beim Fest,
Pilsudskis Herz, des Pferdes fünfter Huf,
schlug an die Scheune, bis der Starost kam.

Die Fahne blutet musterlos,
so kam der Winter, wird der Schritt
hinter den Wölfen Warschau finden.

Am Atlantikwall

Noch waffenstarrend, mit getarnten Zähnen,
Beton einstampfend, Rommelspargel,
schon unterwegs ins Land Pantoffel,
wo jeden Sonntag Salzkartoffel
und freitags Fisch, auch Spiegeleier:
wir nähern uns dem Biedermeier!

Noch schlafen wir in Drahtverhauen,
verbuddeln in Latrinen Minen

und träumen drauf von Gartenlauben,
von Kegelbrüdern, Turteltauben,
vom Kühlschrank, formschön Wasserspeier:
wir nähern uns dem Biedermeier!

Muß mancher auch ins Gras noch beißen,
muß manch ein Mutterherz noch reißen,
trägt auch der Tod noch Fallschirmseide,
knüpft er doch Rüschlein seinem Kleide,
zupft Federn sich vom Pfau und Reiher:
wir nähern uns dem Biedermeier!

Askese

Die Katze spricht.
Was spricht die Katze denn?
Du sollst mit einem spitzen Blei
die Bräute und den Schnee schattieren,
du sollst die graue Farbe lieben,
unter bewölktem Himmel sein.

Die Katze spricht.
Was spricht die Katze denn?
Du sollst dich mit dem Abendblatt,
in Sacktuch wie Kartoffeln kleiden
und diesen Anzug immer wieder wenden
und nie in neuem Anzug sein.

Die Katze spricht.
Was spricht die Katze denn?
Du solltest die Marine streichen,
die Kirschen, Mohn und Nasenbluten,
auch jene Fahne sollst du streichen
und Asche auf Geranien streun.

Du sollst, so spricht die Katze weiter,
nur noch von Nieren, Milz und Leber,
von atemloser saurer Lunge,
vom Seich der Nieren, ungewässert,
von alter Milz und zäher Leber,
aus grauem Topf: so sollst du leben.

Und an die Wand, wo früher pausenlos
das grüne Bild das Grüne wiederkäute,
sollst du mit deinem spitzen Blei
Askese schreiben, schreib: Askese.
So spricht die Katze: Schreib Askese.

Glück

Ein leerer Autobus
stürzt durch die ausgesternte Nacht.
Vielleicht singt sein Chauffeur
und ist glücklich dabei

Pfingstrosen

Zuerst die kindliche Faust,
im Blätterdickicht, dem Schlummer –
dann steigt den Blumen der Sommer
zu Kopf: sie erwachen zerzaust

wie Vögel, doch treibt die Kraft
der Erde die Blüten wieder;
sie plustern ihr rotes Gefieder,
die Sonntagsröcke aus Taft

Ihr Jubel leuchtet so sehr,
daß sie die Wetter erbosen.
Ein schwacher Geruch von Rosen
macht zum Abschied sie schwer.

Die Knospen sind prall von Söhnen
inmitten der alternden Schönen.

September

Heute! Im spiegelnden Fluß
haben die Ufer Zeit.

Sind die Bäume zum Fest
eben an Land gestiegen?
Blätter, dem Licht wie Tropfen verschwistert,
hüllen sie ein.

Aber soviele Brüste
verraten die Göttinnen,
Pflaumen mit keusch beschlagener Haut

und Birne an üppiger Birne –
der Hand, wie zum Betteln geöffnet,
oder den Lippen süßer?

Aller Erinnerung
sind jetzt die Gärten gewachsen.
Die Fülle bereitet Schmerz
und lindert ihn, wo die Astern dorren;
mitten im Lila, dem dunkel
auferstandenen Licht des Sommers,
blendet der neue Tag
und trocknet wie Augen sie.

Er ist der Vater.
Noch stehen seine Geschöpfe
unter dem großen Blick,
leben im Gleichmut: die Bläue
hebt ihre Sterblichkeit auf und macht
das Verlorene wahr.

Dann wird die Sonne schwerer
und hängt inmitten des grün
entfalteten Baums
als eine der Früchte.

Der Schatten daneben
duftet nach Holz und Wein.

Schneesturm

So nah hängt der Westen
herüber: der halbe Tag kann nicht mehr
entfalten den nassen Flügel.

Ein Wind füllt den Raum
mit fremden Lüften und
Schwaden fremderen Dunkels.
Wo ist das Nächste, was jeder Blick
uns antraute?
Eine reißende Wolke,
grau und dann schwefelgelb gefleckt.

Waagrecht fliegender Schnee!
Vor den Schreien des Nichts
gefrieren die wäßrigen Flocken,
wimmeln, verheeren das Land wie ein Schwarm
gieriger Mücken.

Mit halbem Auge sahn wir die Erde.
Ihr Spiegel zerbrach, unter Splittern
liegt sie nackt.
Von oben Willkür, kein Licht
scheint, und unten empfängt kein Schatten
den fallenden, ungestalten Tag.
Die Äcker sind schwarz wie vor Anfang.

Namenlos bleibt alles zurück,
wo selbst der Himmel
verstummte.

Tropfen fallen, der Schnee
dämmert, wird glasig. In dunklen Flecken
schimmert Gras. Noch stehen die Bäume
hölzern, da holt die Erwartung
Atem, der Boden dampft.

Schnee

Noch ist Tag, sein Hauch bewölkt
den kalten Spiegel, er ruft sein Bild aus der Tiefe
und lautlos antwortet Schnee,
rieseln Flocken, geistern im Rauch
wie schöner Tage Asche,
doch am Lebendigen, wenn sie es schwärmend berühren,
erlischt die winzige Helle.

Besänftigt sind Mensch und Stein,
als lechze die Stadt mit tausend Zungen
nach Reinheit, dem schmelzenden Abendmahl,
dann fallen ihr Wimpern zu,
sie träumt, wie Wirbel auf Wirbel der Aufruhr tanzt,
und häuft ihm, glättet sein hartes Bett.

Die ersten sind Kinder, setzen den Fuß
aufs weiße, knisternde Fell
und leise den andern: so überrascht
die rot und grün Vermummten ihr Auftritt –
sie jagen, fliehen, werden der Leere froh.

In geistigen Farben steht der Wald,
er sammelt, da Tag ihn lichtet,
schwarze Lärchen, rötlich genarbte Kiefern,
Buchen von zartem Grau: sie ragen
wie Nachtvögel groß und verirrt,
der Schnee folgt jeder Krümmung der Äste
als heller Schatten.

Kaum bewegt sich unter dem Schilde
die alte Kröte Welt.
Sie trägt nur Leichtes, trockene braune Blätter
und Amsel, Wacholderdrossel,
die hüpfend von Baum zu dürrem Strauch
die glänzenden Körner picken.
Alles ist Schein und überall Tag,
eisig leuchtet die gelbe Quitte.

Mein Vater

Spät komme ich zu dir.
Wenn Staub mich riefe – aber ich höre nur
   im Spiel der feuchten, meiner Lippen,
      diese gehorsame Stimme rufen.

Wo niemand wartet, Vater, im Schweigen, wo
in Salz und Asche kenne ich deinen Mund,
   der nach den Kindern ruft und ächzend
      bittet um Gnade die Menschensöhne.

Die ehmals gute Jacke verriet den Herrn.
Du ohne Mantel, war auch kein Tier dabei
   noch Gott: wie sorgsam führtest du in
      zwiefacher Kälte dein Kind zur Grube.

Dein Aug, die Stirne, Tafel vom Sinai,
der Nase starker Bogen – ich sehe nichts
   und halte Nase, Stirn und deine
      Bitternis doch in den hohlen Händen.

Ja, diese Hand, die unschlüssig Wort auf Wort
hier fügt, sie ahmte lange die Bögen nach
   von deinem Namen, übte heimlich
      Strenge und Mut des gerechten Mannes,

dem ich nie sagen konnte: ich bin dein Sohn.
Man hieß uns Fremde. Unsere Sprache war
   ein Blick, ein Händetausch, und später
      Auflehnung, bleiche Gewalt des Zornes.

Genügt die Trauer? Atem, Begeisterung,
die Liebesnächte danke ich deinem Grab
   und auch die Kinder: unerschöpflich
      höre sie lachen … Ich komme, Vater.

Unterm Perron

Wie schade, daß Paul Boldt so lange schon gestorben ist!
Und auf der Friedrichstraße hat es keinen Sinn,
Ein Mädchen zu befragen.
Ich will mein Geld in eine Mokkaschenke und zu
Rosenkohl und Sauerbraten tragen.
Ach Paul: wir hätten jetzt zur rot und schwarzen
Mitternacht
Mit einem großen schweren Schlegel
Auf den Gong geschlagen.

Daß wir so zweierlei, jeder für sich, auf den Planet
Gekrochen sind?
Aber am Ende waltet das tiefverschleiert im Finstern
Wirkende Schiksaal.
Du Friedrichstraßenmond! Ich habe fünf Dahlien aus
Lauter sympathischer Herzensanregung erstanden.
Von einer alten Frau. Ich hätte aber auch eine weiße,
Paradiesisch duftende Lilje kaufen gekonnt.

Soll ich die Blumen im Landwehrkanale langsam und
Einzeln segeln oder hinwegtreiben lassen?
Es würde heißen: fünf Dahlien sind am Askanischen
Ufer gestrandet. Wer hat das getan?

Immer noch stürzen auswärts gebeugt die Meidnerschen
Straßen.

Homo sapiens correctus

Am 6. Januar 1965 bohrte sich Joe Mellen-Bart Huges in Amsterdam im Selbstversuch ein Loch in den Schädel. In Anwendung der Druckmethode, die er zuvor in seinem Traktat *Homo sapiens correctus* beschrieben hatte, sollte so die störende Hirnflüssigkeit entfernt werden. Die Idee war ebenso einfach wie physiologisch einleuchtend, galt aber in Fachkreisen als verrückt. Huges, der nach getaner Operation unter psychiatrische Aufsicht gestellt wurde, glaubte, sämtliche Übel zwischen den Menschen resultierten aus der Furcht, sie könnten die Kontrolle über ihr Hirnblut verlieren. »… vier Milliarden Geiseln der Zeit« – Bevölkerungsstand von 1965.

Dampf aus dem Rückenmark abzulassen
    Setzte sich Joe ein Loch in den Kopf.
    Zapfte den Liquor ab, füllte Flaschen und Tassen.
  Und alle dachten sie »Nicht zu fassen«.
Aber Joe war entschlossen und heimlich,
    Die Badtür von innen verschlossen,
    Nahm er sein Werkzeug und bohrte los.
Platz für sein wertvolles Hirnblut zu machen
    Preßte er aus dem System allen Saft.
    Psychiater, Chirurgen, die Fachleute lachten, –
Keine Ahnung vom Großen Erwachen,
    Vom Dritten Auge und all diesen Sachen.
    Schließlich rief Joe, *cet enfant terrible*, »Geschafft«.
Örtlich betäubt und den Schädel rasiert,
    Kaltblütig wie Kinder die Notbremse ziehn,
  Sah er sich operierend im Spiegel, skalpiert
Nach Indianerart und danach trepaniert
    Frei nach dem Handbuch der Hirnchirurgie.
    Spritze, Skalpell, Spatel, Bohrer und Schaber
Holten ihn aus der Schwerkraft ins Dauer-High;

Aus Überdruck, Selbstkontrolle, dem Wenn und Aber
Labiler Lappalien, brutalen Gelabers
　　Das Joe nur als Krankheit kannte: Erwachsensein.
Endlich den Kopf frei, trat Joe vor die Presse
　　　Sagte sein *Ecce homo* und zog sich zurück
　　　　Hinter üble Gerüchte von Neuro-Exzessen,
　　　　Afrikanischen Riten, Selbstverstümmelungs-Messen
Und jedem war klar »Der Typ ist verrückt«.
Unter den vier Milliarden Geiseln der Zeit,
　　　　Insassen des einzigen milden Weltraum-Asyls
　　　War *alien* Joe als erster soweit
　　　　Zu begreifen daß Ich ein bedingter Reflex
Und Heilung nur möglich war durch ein Ventil.

Nicht gut erging es einem Sträfling in Nordirland,
Der eines Tages einen Ausbruch wagte. Jahrelang
War er in fremde Häuser eingedrungen, diesmal
Galt es herauszukommen …
　　　　　Sein verrückter Plan
Sah einen Fluchtweg durch den Müllschacht vor.
In einer Abfalltonne, unter schwarzen Plastiksäcken
Verbrachte er die Nacht, das Leben hinter Gittern
Vergessend im Gestank, die monotonen Wochen
Und Frau und Kind. Dann wurde er bewußtlos.
Und längst erkaltet trat er seine Reise an,
Am andern Morgen, in die Freiheit.
　　　　　　Seine Leiche
War schon entstellt als man sie später fand im Müll,
Zermalmt auf dem Transport, die Augen ausgehackt
Von Krähen, unter Dieben, splitternackt, ein Dieb.

Und mancher landete wie er im Müll, und mancher
Fand sich zuletzt auf einer Halde, offnen Brustkorbs,
Im Schädel Regenwasser, ringsum Nacht.

einfache Sätze
während ich stehe fällt der Schatten hin
Morgensonne entwirft die erste Zeichnung
Blühn ist ein tödliches Geschäft
ich habe mich einverstanden erklärt
ich lebe

Topographie e

inhaltlose Sätze im Nachtdrift
wirkliche nächtliche Straßenbahngesprächsfetzen
Stimmen über dem Eis
das menschenleere Gesicht das ich erkenne
ein Tag vor Weihnachten
Nachtland Nachtblau
geflügelte Peripetie der Nacht
die milchbraune Kreisform
jetzt
jetzt jetzt jetzt

Einfache grammatische Meditation
c (konjunktivisch)

bis zur Mitte der Hälfte
weniger als zu wenig
am wenigsten
als ob als ob
wahrscheinlich wahrscheinlich
auf sich genommen nicht auf sich genommen
unentschieden
vorläufig vorläufig

Gedicht über die Übung zu sterben

Holzrauch über Heslach blendet Februarsonne Geräusch
am
Bahndamm Zuruf Echoschritt Musterlandschaft veraltet
Gittertext quer überlegt nachdrücklich nachdenklich
nachlässig
nachzüglich und anzüglich der Appetit ist wash'n wear
Bleiwand Glanzspur afterrain in den Sommerhöhlen
chinesisch
altdeutscher Tages und Waldlandschaft alter Bahnhof
zweite Station
langfristig langmütig langsam allmählich das Gesicht des
Vaters hat Löcher Lochfeld backsteinbraun Fensterläden
und Perspektiven weiß nachmittags Blauabstufungen
flachtreppig Treppe der Ebene Windmeer in
sonntagnachmittags

Gesprächsfortsetzung versteckt und verstrickt und
verstrickt in
IN WELCHEN VERHÄLTNISSEN SONST MEIN
TREIBEN
ZU VIELEM WAS SONST HIER GILT UND IST UND
NICHT GILT UND GILT UND NICHTS IST UND
WIE SICH
DIESER ZUSTAND SONST IN SICH SELBER
BEFINDE
DARÜBER WÄRE WOHL VIEL DENN UNSER
WESEN HAT HIER
DEN VORTEIL IN SEINER WEITLÄUFIGKEIT
DAVON BERÜHRT
ZU WERDEN MEIST NUR WENN MAN LUST HAT
ES VON SICH
SO ZIEMLICH Querlicht Querlicht Lichtklöppel
schräg abends
alter Bahnhof Klöppelmuster Station Pantomime
Schattenball

115

gitterdunkel die kegelförmigen Hinterteile der talab
Mäander Gleitkufen ins Vage und auf den Treppen die
Zukunft von nach weder weder esistsehrschade
undestutmirsehrleid aberesistdochso
wirlebenineinermerkwürdigen
wissensiesagichimmer esistnichtgut
dasistlustigsagichimmer dasistschrecklich
irrsinnigkomischoderwie
das langsam geblähte rote Tuch eben erst eingelöster
Erfahrung Direktgespräch Operationen weit von der
                                                    Basis

americans in trains Bleiglanz auf der Limmat
                                        gleichmäßige
Verteilung von Licht Figur Geräusch Wasserglock
                                        Leuteschaum
Schneewind Steingesicht Efeurhomb Glanzknot
                                        Mövenflugornament
oberhalb strandend an einem Ufer aus abendlich
                                        aufeinander
getürmt Gespräch das nicht Sicherung und Mussorgsky
                                        gespielt von
Sviatoslav Richter Partner die fröhlich einander
                                        verständlich
ohne je selbst ins Auge das die Tendenz zu weit
                                        Ortsfremde
sowieso triumphierend über den Torso des weiblichen
                                        Rückens
blasses Licht aber angenehm und IN WELCHEN
                                        VERHÄLTNISSEN
SONST MEIN TREIBEN ZU VIELEM WAS SONST
                                        HIER GILT UND
IST UND NICHT GILT UND GILT UND NICHTS
                                        IST UND WIE
SICH DIESER ZUSTAND SONST IN SICH SELBER
                                        BEFINDE
DARÜBER WÄRE WOHL VIEL DENN UNSER
                                        WESEN HAT HIER

DEN VORTEIL IN SEINER WEITLÄUFIGKEIT
                              DAVON BERÜHRT
ZU WERDEN MEIST NUR WENN MAN LUST HAT
                              ES VON SICH
SO ZIEMLICH Schräghandgeruch Wurzelhand hin
                              und her
waagrecht Lupinengelb zwischen Gitterhand Strichketten
                              Gestäng
schattenschuppig Küste indrin und eine Schwierigkeit
kommt von hinten und geht nie mehr weg Grenzriß
                              weißrasch
wütend bewischt vorüber die Silhouette die weggedreht
                              plötzlich

sekundenrasch leuchtend wasserflach Dachwellen
                              überholend
Dunkel Bleiglanz auf der Alster bahnsteigkahl fremde
                              Stimme
bekannt die unvermeidlich vorauszusehende nie
                              vermutete
Lösung des endlich sich über sich selber Abzieh Abzug
Thesaurus APERTIS THESAURIS PRETIOSA
                     MUNERA OBTULERUNT
sich ewig in dieser einzigen VIERUNDZWANZIGSTER
                              MÄRZ 61
KUMMERNUS WILL HÄRTER WERDEN
                              QUALITÄTSOBST
GUT GEFRAGT AUCH BEI DEGUSSA NUR
                              GERINGE
AUFWERTUNGSVERLUSTE WÖCHENTLICH
                              ZWO KOMMA
SECHS MILLIARDEN STUNDEN BETRÄCHTLICHE

ÜBEREINKUNFT ERZIEHLT BERICHTE AUS
                              MOSKAU
JETZT OHNE ZENSUR wirlebenineinermerkwürdigen
knallhartrotztrocken sozialerotischoderwie

einschlechtespolitischesoderwie
kulturdiewirhaben
dasistlustigsagichimmer dasistschrecklich
aberichkannmichjadochnichtoder
Kinderstimmen im Regen schlechte Nacht und der
                                    unaufhaltsame
Schritt vor Schritt Regenschräge sich einverstanden
                                        erklärt
Unfallwagen Schock streckenweise ganz unbedenklich
                                            und

außerhalb dessen was unaufhörlich weiß weißer
                                    Schatten
auf einer schwarzen Unendlichkeit alles dessen
                                Durchgang durchs
Repertoire in sich selber zurückgeschlagene Stimme
                                        manchmal
aus unbeweglichem Auge seitlich die völlig vollkommene
Verwirrung so VIELER LASTER GIFFT
TIEFF IN DEN NIEREN KENNET BISS
AN DAS SCHEITELBEIN NICHTS ALS EIN
HÖLLEN-AASS BORN IN SUBJECTION TO ONE
                                        GREAT
IMMUTABLE PREEXISTENT LAW BY WHICH
                                    WE ARE KNIT
IN THE ETERNAL FRAME OF THE QUIA SIC
                                        NOSTRA

COMPLERENT unter tief flach es stimmt und es stimmt
nicht niedergeschlagen liegt lügt steht auf weit zurück
                                            abends
und immer noch ein halbzu halbunzu halb nicht halb
                                    Eingeschlafener
welcher gestern noch oder wann auch immer DER
                                    GROSSE PAN
IST TODT MIT DIESEN WORTEN RUFFTE EINE
                                        HEFFTIGE

STIMME VON DEM EYLANDE PRAXIS DENN DIE
UMWELTBEDINGUNGEN WELCHE DEM
                              NERVENSYSTEM
INADÄQUAT BEWIRKTEN EINE ART MASSENWAHN
WIE VOM WAHNSINN SONDERLICH DA EINE
                              UNGEMEIN
MEER-STILLE EINMAL DIE EINGESCHLAGENE
                              RICHTUNG

ALS EIN ERBÄRMLICHES GESCHREY VIELER
                              TAUSEND WEH
KLAGENDEN IN SCHLUCHTEN IM FEUER ODER
                              AUCH IM MEER
UMZUKOMMEN ruckhaft wechselnde Lichter
                              Lichterketten
Lichtgeschwindigkeit Nachtzüge Hoffnung nach Hause
                              zu kommen und
langsam sich gegeneinander verschiebende einzelne
                              schwarze
Figuren hoch schattenbeinig auf einer begrenzten leeren
                              Fläche
wippende Kugelgelenke pausenlos umeinander gerollt
Lichtkreisel klatschend huschend sich sträubend
                              Schattenkluster
wegwehend gebündelt Schattenklöppel und eine
                              einzelne flache
quadratische Form schreit tief tief pulsend entpulste
                              Schwärze

die flachen Platanen ONE DAY I WOULD DIE AND
                              THE WORLD
WOULD BE BENEFITTED WIE DENN IMMER
                              WIEDER
DER EINE WUNSCH NICHT AUS IRGENDEINER
                              ROMANTISCHEN
ÜBERHEBUNG ODER SONST EINER PARADOXIE
                              SONDERN NUR

119

UM SCHNELLER DORT WOHER ALLES AND
                              THERE WAS ONLY
THE QUESTION WHY DID I LIVE AND WHAT
                              COULD BE
THE REASON FOR EXISTENCE NONE AT ALL
                        Schlieren von Kälte
an den Rändern gelocht Küsten aus weißen Schirmen
                                          dies
unerträglich in es selbst rückwärtsdringende Träume
vom Vater W'haven das letzte Mal eine unbekannte
                                    Nachbarin

legt im Traum ihre Finger um meinen Hals FICHTEN SEH
                                          ICH ZWEI
IHRE SCHWARZEN FLÜGEL esistsehr
                        undestutmirsehrleid
aberesistdochsooder irrsinnigkomischoder
nur in gelegentlich vorübergehenden Augenblicken
im Halbschlaf besonders schlecht bei vollem
Bewußtsein ER DACHTE DIE ZUKUNFT UND DEN
                                    VERGANG
VOLL SEELENANGST VOR SEINEM GESICHTE
IN TRAURENDES DUNKEL IN SCHRECKLICHES
                              SCHWERMUTH
SAH QUALEN GEHÄUFT AUF QUALEN ZUR
                              EWIGKEIT
EINGEHN SCHON KAMEN AM ÄUSSERSTEN
                              HIMMEL

DIE TODESENGEL SIE HIELTEN SCHWARZE
                        WETTER EMPOR
UND SANGEN Schattenfleck weizenrot Glanzpelz
                              Wolken wie
Tintoretto geschwärzter Zaun Teergeruch Grasgeruch
                              Schattenloch
Blendstück querlichtgequollen flach auseinandergefranst
                                    flach

120

ineinander flach spiegelfleckig bemalt mit Wattegeräusch
abends
gekippte Passagen esistsehr undestutmirsehr
Schattenloch weizenrot Glanzkanten
einzig und ewig und immer noch unbewohnter Balkon
dieses Neubaus passagenschwarz Glanz gewesen zu sein
Lochtag
Loch Todesschock in der U-Bahn

Hegel in Bonn

zu dem vielen was sonst
mein philosophisches Treiben
hier gilt und nichts ist
und in welchen Verhältnissen sonst es
ist und nicht gilt
darüber wäre wohl viel sich zu unterhalten
und wie sich dieser Zustand sonst
hier ist und nicht gilt
und sich in sich selbst befinde
und gilt und nichts ist
und wie sich dieser Zustand sonst
auf mein philosophisches Treiben
darüber wäre wohl viel sich zu unterhalten
und wie sich dieser Zustand sonst
in sich selbst befinde
und gilt und nichts ist
und ist und gilt
und ist und nicht gilt
und gilt und nichts ist
und wie mein philosophisches Treiben
zu dem vielen was sonst ist
in welchen Verhältnissen sonst es
sich in sich selbst befinde
darüber wäre wohl viel sich zu unterhalten

und wie sich dieser Zustand sonst
in sich selbst befinde
darüber wäre wohl viel sich zu unterhalten
und was hier ist und gilt
und ist und nicht gilt
und gilt und nichts ist
und in welchen Verhältnissen sonst
mein philosophisches Treiben
zu dem vielen was sonst
hier ist und gilt
und ist und nicht gilt
und gilt und nichts ist
und wie sich dieser Zustand sonst
in sich selbst befinde
darüber wäre wohl viel sich zu unterhalten

Erinnerungen an das Jahr 1955

Heilsarmeemajor benahm sich unsittlich
schwache Reaktion der Börse
in ganz Österreich läuteten die Kirchenglocken
überall sommerlich warm
Atomversuche beendet
Abwehrchef geflüchtet
ausgebrochener Leierkastenmann auf der
    Jagd nach seinem Sohn
Bern ohne Fanny
vier Stockwerk tief stürzte sich in der
    Weserstraße 180 Neukölln der 27jährige
    Wilhelm W aus einem Fenster in den Hof
    er erlag seinen Verletzungen das Motiv
    war Liebeskummer
einer ruft dem andern zu Elsner Schuh Elsner Schuh
so nötig wie die Braut zur Trauung ist Bullrichsalz
    für die Verdauung

Sieg

Als sie
im Olympiastadion verloren hatten,
tauchte ich
in ein Pissoir
und tatsächlich,
da stand schon einer,
ging langsam in die Knie
an diesem Fußballsonntag
und ließ
die Hose fallen.

Demütig verlangend
sah er mich an
nach so viel Kampf und Erschöpfung,
als Welle auf Welle
sie bis an den Stadtrand
von Moskau gestürmt waren,
bevor der Winter beginnt
und die Niederlage.

Jetzt
betteln sie um Liebe
und legen den Kopf schief
vor Sehnsucht,
ich gebe,
was verlangt wird,
und ramme
eine Bierflasche
in den schluckenden Arsch,
vorn zuckt
der kleine Dolch
mit seiner deutschen Spitze.

Schon wieder
haben sie
einen Weltkrieg verloren
auf dem Rasen
des Stadions,
in den Trümmern
Stalingrads,
während die Ladung,
die ich gelockert habe,
in den Mastdarm schießt.
Zugegeben, es war
saubere Arbeit
im Sinne unserer Väter.

novalis

ich ging von ihren tischen voller speisen
hinaus und trank im saal der schatten
was abend in den garten warf mit matten
düften denn ich sah die nacht verwaisen

trunken stieß ich auf die straße in das dunkel
die mich führte so wie einst ein gott es plante
seit ich spürte daß die schultern alles fallen ließen
blühn blumen auf ringsum die ich kaum ahnte

allem ledig seh ich nun vor meinen füßen
licht zerspringen und die hohen nächte grüßen
mit freiheit mich und ich hab raum

für meinen schmerz in dem die liebe ruht
und gottesnah und frei von hab und gut
geh ich und unerschöpflich wird mein traum.

WALTER HÖLLERER

Der lag besonders mühelos am Rand

Der lag besonders mühelos am Rand
Des Weges. Seine Wimpern hingen
Schwer und zufrieden in die Augenschatten.
Man hätte meinen können, daß er schliefe.

Aber sein Rücken war (wir trugen ihn,
Den Schweren, etwas abseits, denn er störte sehr
Kolonnen, die sich drängten), dieser Rücken
War nur ein roter Lappen, weiter nichts.

Und seine Hand (wir konnten dann den Witz
Nicht oft erzählen, beide haben wir
Ihn schnell vergessen) hatte, wie ein Schwert,
Den hartgefrorenen Pferdemist gefaßt,

Den Apfel, gelb und starr,
Als wär es Erde oder auch ein Arm
Oder ein Kreuz, ein Gott: ich weiß nicht was.
Wir trugen ihn da weg und in den Schnee.

PETER HUCHEL

Chausseen

Erwürgte Abendröte
Stürzender Zeit!
Chausseen. Chausseen.
Kreuzwege der Flucht.
Wagenspuren über den Acker,
Der mit den Augen
Erschlagener Pferde
Den brennenden Himmel sah.

Nächte mit Lungen voll Rauch,
Mit hartem Atem der Fliehenden,
Wenn Schüsse
Auf die Dämmerung schlugen.
Aus zerbrochenem Tor
Trat lautlos Asche und Wind,
Ein Feuer,
Das mürrisch das Dunkel kaute.

Tote,
Über die Gleise geschleudert,
Den erstickten Schrei
Wie einen Stein am Gaumen.
Ein schwarzes
Summendes Tuch aus Fliegen
Schloß ihre Wunden.

ERNST JANDL

oberflächenübersetzung

mai hart lieb zapfen eibe hold
er renn bohr in sees kai
so was sieht wenn mai läuft begehen
so es sieht nahe emma mähen
so biet wenn ärschel grollt
ohr leck mit ei!
seht steil dies fader rosse mähen
in teig kurt wisch mai desto bier
baum deutsche deutsch bajonett schur alp eiertier

(surface translation – after william wordsworth)

my heart leaps up when i behold
a rainbow in the sky
so was it when my life began
so is it now i am a man
so be it when i shall grow old
or let me die!
the child is father of the man
and i could wish my days to be
bound each to each by natural piety

schtzngrmm
schtzngrmm
t-t-t-t
t-t-t-t
grrrmmmmm
t-t-t-t
s————c————h
tzngrmm
tzngrmm
tzngrmm
grrrmmmmm
schtzn
schtzn
t-t-t-t
t-t-t-t
schtzngrmm
schtzngrmm
tsssssssssssssssssssss
grrt
grrrrrt
grrrrrrrrrt
scht
scht
t-t-t-t-t-t-t-t-t
scht
tzngrmm
tzngrmm
t-t-t-t-t-t-t-t-t
scht
scht
scht
scht
scht
grrrrrrrrrrrrrrrrrrrrrrrrrrrrrr
t-tt

wien : heldenplatz

der glanze heldenplatz zirka
versaggerte in maschenhaftem männchenmeere
drunter auch frauen die ans maskelknie
zu heften heftig sich versuchten, hoffensdick.
und brüllzten wesentlich.

verwogener stirnscheitelunterschwang
nach nöten nördlich, kechelte
mit zu␣nummernder aufs bluten feilzer stimme
hinsensend sämmertliche eigenwäscher.

pirsch!
döppelte der gottelbock von Sa␣Atz zu Sa␣Atz
mit hünig sprenkem stimmstummel.
balzerig würmelte es im männechensee
und den weibern ward so pfingstig ums heil
zumahn: wenn ein knie␣ender sie hirschelte.

zweierlei handzeichen

ich bekreuzige mich
vor jeder kirche
ich bezwetschkige mich
vor jedem obstgarten

wie ich ersteres tue
weiß jeder katholik
wie ich letzteres tue
ich allein

130

ernst jandls weihnachtslied

machet auf den türel
machet auf den türel
dann kann herein das herrel
dann kann herein das herrel
froe weihnacht
froe weihnacht
und ich bin nur ein hund
froe weihnacht
froe weihnacht
und ich bin nur ein hund

du warst zu mir ein gutes mädchen
   worst zo mür eun gotes mödchen
du warst zu mir ein gutes
       zo mür eun gotes mödchen
du warst zu mir ein
         mür eun gotes mödchen
du warst zu mir
           eun gotes mödchen
du warst zu
            got   mödchen
du warst
     zo mür
     zu   gut
              mödchen

  worst zo   got
    zu
      mür

doppelchor

es mann spielst unser frauen mit nur schilfharfe
gehst ans fingerspitzen und vorbei es.
es frau spielst unser männer mit nur klarinettich
knopfst an und bläst ein immer lied aus es.
es mann spielst unser frauen mit nur momentharmonika
sperrst um und pfeifst schlüsselrüssel.
es frau spielst unser männer mit nur es violinerin
stellst an diriganten hin und wickelst den orchaster aus.

eulen

bist eulen
ja
bin eulen
ja ja
sehr eulen

bist auch eulen
ja
bin auch eulen
sehr eulen
ja ja

will aber nicht mehr eulen sein
bin schon zu lang eulen gewesen

will auch nicht mehr eulen sein
bin auch schon zu lang eulen gewesen

ja
mit dir da
mit dir da auch
bin nicht mehr eulen ja

bin nicht mehr eulen auch
ja ja
ja ja auch

doch wer einmal eulen war
der wird eulen bleiben immer
ja

ja ja

das fanatische orchester

der dirigent hebt den stab
das orchester schwingt die instrumente

der dirigent öffnet die lippen
das orchester stimmt ein wutgeheul an

der dirigent klopft mit dem stab
das orchester zerdrischt die instrumente

der dirigent breitet die arme aus
das orchester flattert im raum

der dirigent senkt den kopf
das orchester wühlt im boden

der dirigent schwitzt
das orchester kämpft mit tosenden wassermassen

der dirigent blickt nach oben
das orchester rast gegen himmel

der dirigent steht in flammen
das orchester bricht glühend zusammen

der wahre vogel

fang eine liebe amsel ein
nimm eine schere zart und fein
schneid ab der amsel beide bein
amsel darf immer fliegend sein
steigt höher auf und höher
bis ich sie nicht mehr sehe
und fast vor lust vergehe
das müßt ein wahrer vogel sein
dem niemals fiel das landen ein

die morgenfeier, 8. sept. 1977

für friederike mayröcker

einen fliegen finden ich in betten
ach, der morgen sein so schön erglüht
wollten sich zu menschens wärmen retten
sein aber kommen unter ein schlafwalzen
finden auf den linnen ich kein flecken
losgerissen nur ein zartes bein
und die andern beinen und die flügeln
fest an diesen schwarzen dings gepreßt
der sich nichts mehr um sich selbst bemüht
ach, der morgen sein so schön erglüht

glauben und gestehen

ich glaube
daß meinem toten großvater anton
und meiner toten großmutter marie
und meiner toten mutter luise
und meinem toten vater viktor
und meinen toten vettern herbert und hans
und meinen toten onkeln und tanten
und meinem toten freund dietrich
und allen toten die ich lebendig gekannt habe
ich niemals irgendwo wieder begegnen werde

und

ich gestehe
daß irgend einem von ihnen
wie sehr ich ihn auch geliebt haben mochte
jemals irgendwo wieder zu begegnen
ich nicht den leisesten wunsch hege

klebend

ich klebe an gott dem allmächtigen vater
schöpfer himmels und aller verderbnis
und an seinem in diese scheiße hineingeborenen sohn
der zu sein ich selber mich wähne um mich schlagend
um mein maul aus diesem meer von kot in die luft zu
                                        halten
und immer noch atem zu kriegen warum nur
weil ich ein von maßloser feigheit gesteuertes schwein bin
unfähig willentlich unterzutauchen ins unausweichliche

Bäume

Früher sollen sie
Wälder gebildet haben und Vögel
Auch Libellen genannt kleine
Huhnähnliche Wesen die zu
Singen vermochten schauten herab.

Weltrand

Die abgeschlagenen Köpfe der Kühe
Schweben im Nebel über den Wiesen
Wenn der gehörnte Pfarrer am Abend
Mit roten Augen im Torfstich umherirrt.
Die letzten Vögel des Sommers reden
Mit vernünftigen menschlichen Stimmen
Es gilt Abschied zu nehmen von allen
Vertrauten Blumen und Blättern.
Halb steht die Sonne über dem
Wald halb ist sie unter.

gemaltes licht

sandfarbne hügelrücken
haben zerschlißne laubfahnen gehißt,
windverweht und kümmerlich
verlorne tümpel schwimmen
im brandigen dunst,
schwarz von wettergüssen
ausgekolktes besenginsterland,
ein birkenbusch in Kremser weiß.
besonnter ort, in den staub geworfen,
so öd, so leer der himmelsstrich.
ein gewässer sickert seifig
durch die heide und verliert sich
irgendwo im eingetieften gewelle,
überwölbt von einer tonnenbrücke.
gehöfte, schäbig abgewettert,
windschiefe hütten, staketenumzäumt.
kein hahn kräht nach dem Letzten Heller.
felderwogen im stechenden mittagslicht.
himmelsflecke aufgetrieben, ausgerieben,
vorgeahntes wetter. der himmel zieht
eine wasserschleppe dürstend hinter sich her.
fahles sackfetzengelb, vergilbte wege
im hitzeglast, vom teufel überritten.
erdbraune impressionen hingespachtelt,
lichterfüllt und luftgesättigt.

di zerstörtn. ein gesang

1

herzumlederun'. schwere.
geschüzze.
         böschungen im schweren in
gescheuchtm mohn; wir haben lawinen, la-
winenstunden und ja und -jahre gehabt. wir
pflanztn uns auf, wir aufpflanzer von ba-
jonettn. di blutablaufrinnen, die kanntn
wir.

2

WIR LAGEN IN GROBEN GEGENDN. WIR
                              PFLANZTN
TOD. WIR PFLEGTN DEN GESANG / WIR AUF-
PFLANZER VON EWIGEM MOHN / DER SCHOSS
AUS UNSERN HÄUPTERN UNS IN DEN GESANG
DAS NANNTN WIR: *herzumlederun'*! + schrienz,

3

rattnschlaf. so war ich deutscher, serbe,
franzose; wir wir wir. WIR STEKKTN UNS auf
unsre bajonette, fühlten uns und sangen für
den böschunxmohn   »todesanxxt?,

4

ja.: 2 mal:
als in den 20ern ich in offne see hinauszutreibn
drohte; als das meer mich *fast* genommn hätte. + :
INFANTRIE-ANGRIFF / schlacht a. d. putna; ru-
ssischer gesang noch als ich nachts 88 war. ihr
gegnüber-gesang; nur der fluß trennte uns nach-
dem wir umgeladn wurdn in hermannstadt ('16).«

5

hart umledertn herznz. unsere schwere.
geschüzze   so bricht der tag an di rattnnacht.
nächte nächte rattnmächte im böschunx-, im
ratten-mohn. wir sind noch WIR WAREN UNTER DER
WEISZN *(jiddisch, di mond)* da waren wir,
DAS WARNEN WIR. UMSONST-GESANG

6

unterm rattnmond kurz schlafendc schlaflose
mordexpertn; WIR SCHLIFFN di spatn an und
übtn an lebendign kazzn; wir rattn wurdn
trainiert wi rattn. WIR SCHWEISSTN uns schlag-
ringe; WIR SCHWEISSTN auf allen seitn GEHN SI
IN UNSER MUSEUM auf allen seitn den bauernkriixx-
morgenstern. da, grabnkampf, verhaue,

7

brach di tagsonne ab, nebel-, geschüzznebel-
betreut im böschunxmohn, kaum kriegen, 88, wir
unsre tablettnkrallen zum schmalgelbn todmund.

WIR SCHWOREN auf unsre schrapnelle, blikkn
aus schwer zerlebtn trauma-höhlen auf unsre lebnzz-
geschichte.
kaliber.   ⎫   korps-chor: (»WIR HÖRTN
kaliber.   ⎬   DI ENGLEIN
kaliber.   ⎪   SINGEN«)
geschichte. ⎭

bestellte, jahre später, grünoxidierte äkker;
deine pflugschar, bauer, knarrt in hülsen, schä-
del, handgranatnsplitter. das knarrt in deinen
schlaf, rattnschlaf, den unbesänftigtn. so rot
blüht dir der böschunxsmohn ins herz ins starr-
umlederte, wo keine schwestermutter dich anhört
und hört; *di weiße* scheint in gräbnmohn, ameisene
schwere, geschüzzdonner der deine träume ja jahr-
zehnte später pflügt und schwere,
schwere schwere (!!!)..

Rondeau Allemagne

Ich harre aus im Land und geh, ihm fremd,
Mit einer Liebe, die mich über Grenzen treibt,
Zwischen den Himmeln. Sehe jeder, wo er bleibt;
Ich harre aus im Land und geh ihm fremd.

Mit einer Liebe, die mich über Grenzen treibt,
Will ich die Übereinkünfte verletzen
Und lachen, reiß ich mir das Herz in Fetzen
Mit jener Liebe, die mich über Grenzen treibt.

Zwischen den Himmeln sehe jeder, wo er bleibt:
Ein blutig Lappen wird gehißt, das Luftschiff fällt.
Kein Land in Sicht; vielleicht ein Seil, das hält
Zwischen den Himmeln. Sehe jeder, wo er bleibt.

Auf ein paar alte Bekannte

Wir sind um Mitte Zwanzig, sind viele und denken
scharf.
Wir haben keine Fragen.
Täglich wächst die Bereitschaft in unseren Reihen,
den Kampf aufzunehmen.
Wir machen kein Hehl daraus; lüstern schweifen die
Blicke in künftige Räume der Freiheit.
Die Sinne schärft uns Frank Zappa, der uns so gut
versteht, der so irre ist, wie wir sein wollen.
Zwischen den Weinflaschen vor, mit unterlaufenen,
gelben Augen, schießen wir gegen die Preußen quer.
So wird es gelingen.
Täglich finden sich neue Punkte zu unserem jüngsten
Programm.
Wir stehen kurz vor der Gründung einer Partei, zu-
mindest e. V., haben unsere Leute in Verlage und
Schulen geschleust.
Wir kommen vom Überbau her.
Generäle stünden zu uns, munkelt es.
Bald schlagen wir los, solang saufen und fressen wir
uns Charakter an, täuschen wir die Bürger durch An-
passung.
Dann bricht die Revoluzzion los.
Wir warten noch auf Genehmigung der Sache von sei-
ten der FDJ, des Ministeriums für Kultur, des ZK der
SED und der Gruppe Sowjetischer Streitkräfte in
Deutschland.

Arkadien,

das Dorf, lag immer in der Einflugschneise,
schon immer schleppte sich der Lärm herüber, unbeklagt,
denn lächerlich wär's, und schon Pound hat es gewußt,
vor allen gesagt, so schnell und so drahtgeflechtleicht.
Daß ich heute mich recht zurücklehnen soll,
als sei ich Carlo Alfredo – jedoch mein Lorbeer wächst
nicht hier, noch in dem *Canyon*. Arkadien, du!
wo Helikopter stranden, Marineinfanteristen und *Croce
rosso*-Banditen, dies mit allen Arten Polizei *(mondiale;
stradale; munizipale)*, mit seiner *Guardia di finanza,*
mit seinen *Carabinieri*, mit seinen Tölpeln in Uniform,
den waffenstarren Räuberbräuten und mit dem Lärm =
der Schönheit eines Mafia-Konvois, der sein Geld
durch die Stadt führt in Polizei- und Postwagen und
sich feiert = lärmt, sich hoch lobt = lärmt, sich vergottet
und angebetet ist,
und o Rolf-Dieter, bewahre uns unser Arkadien
fuori le mura, hier wie nirgendwo sonst in den Himmeln.

Auf

Wie die Dinge liegen,
Stehn sie niemals wieder –:
Auf!

Blick vom Balkon
Kibbuz Tsorà, Oktober 1980

Diese bescheidenen Hügel,
Zu Füßen bescheiden die Häuser,
Darüber der Abendduft –:
Luft,
Daß der Frieden uns bleibe!

Nach Mainz!

Angela Davis, die Jungfrau Maria und ich
liegen in klammen weißen Betten
in einem Krankenhaus, dritte Klasse.
Wir reden nicht viel. Im Nebenraum
plärren die Säuglinge, die man uns abgepreßt hat.
Jede von uns ist an einem Wochentag
von einem gewöhnlichen Kind entbunden worden.
Maria liegt sehr blond in ihren Kissen.
Angela schläft viel. Ich lese in Freuds Traumdeutung
und frage mich, warum ich trotzdem
von pelzigen Säuge- und Nagetieren träume.
Pünktlich klopft eine Schwesternschülerin
und bringt die Düsseldorfer Nachrichten. Ausgerechnet
Düsseldorf, denke ich noch. Hier haben sie uns
                                    niedergestreckt.
Dann fällt mir die Schlagzeile auf: Zweite deutsche
                                    Teilung.
Alle Sozialisten nach Süddeutschland verbannt.
Demarkationslinie ist der Main.
Wir springen aus den Betten. Nichts wie nach Mainz
den Rhein hinauf. Wir umarmen uns, lachen
rennen barfuß durch die Altstadt zum Rhein.
Die Kinder, ruft Maria an einer roten Ampel.
Wir kehren nicht um. Die Nachkommen gehen eigene
                                    Wege.
Schon stehen wir bis zu den Knien in der grauen Brühe
bespritzen Brust und Arme und kraulen los.
Obwohl wir gegen den Strom schwimmen, kommen wir
gut voran. Was für ein Glück, die Arme auszustrecken
zu prusten, gurgeln, spritzen, um sich zu schlagen.
Hinter Wesseling ist das Wasser ganz klar.
Möwen begleiten uns eine Weile.

Während wir uns auf den Rücken werfen, reden wir
darüber, was uns erwartet. Ich kneife Angela in den Arm.
Wir träumen nicht. Am Loreleifelsen treffen wir
tatsächlich einen Fischer in seinem Nachen.
Er rudert gemächlich, damit er sich unterhalten kann.
Später bittet er uns in seinen Kahn.
Besonders Maria weckt sein Interesse.
Sie gleiche einer bestimmten Person aufs Haar.
Manchmal schaut er ihr ins Gesicht. Bis nach Bingen
rudert er uns. Er zögert mitzukommen.
Einerseits sehe er unser historisches Glück
andererseits habe er Frau und Kinder.
Während wir ihm zuwinken, werden Boot und Mütze
kleiner und kleiner. Gegen Abend erreichen wir Mainz.
Von weitem schon sehen wir die Fahnen am Ufer.
Die Rote Hilfe begrüßt uns, reicht Decken
Frottiertücher. Wie mir die Knie zittern.

KARL KROLOW

Verlassene Küste

»Wenn man es recht besieht,
so ist überall Schiffbruch.«
(Petronius)

Segelschiffe und Gelächter
Das wie Gold im Barte steht,
Sind vergangen wie ein schlechter
Atem, der vom Munde weht,

Wie ein Schatten auf der Mauer,
Der den Kalk zu Staub zerfrißt.
Unauflöslich bleibt die Trauer,
Die aus schwarzem Honig ist.

Duftend in das Licht gehangen,
Feucht wie frischer Vogelkot
Und den heißen Ziegelwangen
Auferlegt als leichter Tod.

Kartenschlagende Matrosen
Sind in ihrem Fleisch allein.
Tabak rieselt durch die losen
Augenlider in sie ein.

Ihre Messer, die sie warfen
Nach dem blauen Vorhang Nacht,
Wurden schartig in dem scharfen
Wind der Ewigkeit, der wacht.

Liebesgedicht

Mit halber Stimme rede ich zu dir:
Wirst du mich hören hinter dem bitteren Kräutergesicht
Des Mondes, der zerfällt?
Unter der himmlischen Schönheit der Luft,
Wenn es Tag wird,
Die Frühe ein rötlicher Fisch ist mit bebender Flosse?

Du bist schön.
Ich sage es den Feldern voll grüner Pastinaken.
Kühl und trocken ist deine Haut. Ich sage es
Zwischen den Häuserwürfeln dieser Stadt, in der ich lebe.
Dein Blick – sanft und sicher wie der eines Vogels.
Ich sage es dem schwingenden Wind.
Dein Nacken – hörst du – ist aus Luft,
Die wie eine Taube durch die Maschen des blauen Laubes
schlüpft.

Du hebst dein Gesicht.
An der Ziegelmauer erscheint es noch einmal als Schatten.
Schön bist du. Du bist schön.
Wasserkühl war mein Schlaf an deiner Seite.
Mit halber Stimme rede ich zu dir.
Und die Nacht zerbricht wie Soda, schwarz und blau.

Frühjahr

Es gibt noch kein Gras
zu besingen.

Landschaft, adjektivlos,
in der man
einen Fuß vor den anderen
setzt.

Nur in der Hand gesammelt:
Blau.

Weidenhaar einiger Mädchen.

Die Helligkeit ist frei
von Schatten.
Unruhige Freiheit
der Perspektive:

Frühjahr.

Unter eintönigem Himmel
fünffarbig redet die Amsel
zu den schläfrigen Saaten.

Vom warzigen Schotterhügel herab
lästert ein fuchsiges Huhn
den verfetteten Hofhund.

Dann geht es braun durch den Sportplatz heim
vorbei am zimmetfarbigen Kino
zwischen Hahnfuß und Süßklee.

So endet ein lauer Tag.
Jesus hätte ihn ausgespien
noch nach vierzigmal Fasten.

Ich freilich bin hundertmal durstig.
Ich trinke an so langem Abend
gierig den Huhnheimgang ein
und das Schlafwort der Amsel.

Kreuzzertretung! – Eine Hündin heult
sieben Laute, ohne zu vergeben,
abgestiegen in die Hundehölle
wird ihr Schatten noch den Wurf verwerfen.

Oben bleibt der Vorhang ohne Riß,
nichts zerreißt um einer Hündin willen,
und der Herr – er ließ sich stellvertreten –
sitzt versponnen bei den ganz Vertrauten.

Auch die Toten durften nicht herauf!
Vater, Mutter, – keiner war am Hügel
und die Sonne hat sich bloß verfinstert
in zwei aufgebrochnen Augensternen.

Von der Erde bebte kaum ein Staub,
nur ein wenig sank die Sonne tiefer,
wo der Balg, dem man das Kreuz zertreten,
sich noch einmal nach dem Himmel bäumte.

Der Kadaver – da ihn niemand barg –
kraft der Schande ist er auferstanden,
um sich selbst in das Gewölb zu schleppen,
wo Gottvater wie ein Werwolf haust.

Ach schreien, schreien! – Eine Füchsin sein
und bellen dürfen, bis die Sterne zittern!
Doch lautlos, lautlos würge ich den bittern
Trank deines Abschieds, meinen Totenwein.

Und schleiche kriechend, schattenlos schon fast,
Geripp aus Martern in der Stirn metallen
durch Schlangenzweige, die vom Walde fallen,
darin du gestern mich verwunschen hast.

In deiner Spur verreckt das fromme Wild,
die roten Vögel unsrer Zärtlichkeiten,
der schwarze Jäger will nach Hause reiten,
sucht nach dem Krebs im trüben Himmelsbild.

Zurück will alles. Auch der Totenwein
in meiner Kehle würgt sich noch nach oben.
Ich hör mein Herz die Gnade Gottes loben,
das dringt wie Bellen mir durch Mark und Bein.

Berlin Mulackstrasse

Der Kohlenträger hat bis in den Hals gelbes Haar,
das vom Kohlendreck schwarz war.
Der Kohlenträger ist mit einem Tafelwagen
gekommen, er hat niemand andern zum Ziehen
mitgenommen.
Er hat einen Lederkoller umgebunden, der ist an
Rücken und Schultern abgeschunden.
Er hat in Holzkiepen, halb so hoch wie er, und
doppelt so breit, Briketts geschichtet, achtzig
ungefähr.
Der Kohlenträger hat auf den Wagen etwa dreissig
Kiepen gestellt, und so aneinandergelehnt, dass
keine herunterfällt.
Der Wagen mit den Kiepen mit den Kohlen fährt
vor das Haus; der Kohlenträger klingelt. Ein Mann
sieht zum Fenster raus,
dieser Mann ist der Kohlenbesteller, er kommt
herunter und zeigt dem Kohlenträger den Keller.
Jetzt hat der Kohlenträger eine Kiepe gedreht, dass
er mit seinem Rücken genau vor ihr steht.
Er hakt in die Kiepe ein Lederband, legt es über
die Schulter und wickelt es um die Hand.
Der Kohlenträger beginnt sein Kreuz gegen die
Kiepe zu drücken, dann bückt er sich, dann steigt
sie auf seinen Rücken.
Die Kiepe schiebt den Kohlenträger ins Haus; der
Keller hat elf Stufen hinein und elf heraus.
Der Kohlenträger kommt wieder ans Tageslicht,
er hat eine schwarze Maske vor dem Gesicht.
Er setzt die Kiepen auf den Wagen, steht noch
zwei Minuten hier und trinkt eine Flasche Bier.

wie ich dich nenne
wenn ich an dich denke
und du nicht da bist:

meine Walderdbeere
meine Zuckerechse
meine Trosttüte
mein Seidenspinner
mein Sorgenschreck
meine Aurelia
meine Schotterblume
mein Schlummerkind
meine Morgenhand
mein Vielvergesser
mein Fensterkreuz
mein Mondverstecker
mein Silberstab
mein Abendschein
mein Sonnenfaden
mein Rüsselhase
mein Hirschenkopf
meine Hasenpfote
mein Treppenfrosch
mein Lichterkranz
mein Frühlingsdieb
mein Zittergaul
meine Silberschnecke
mein Tintenfasz
mein Besenfuchs
mein Bäumefäller
mein Sturmausreiszer
mein Bärenheger
mein Zähnezeiger

mein Pferdeohr
mein Praterbaum
mein Ringelhorn
meine Affentasche
meine Winterwende
meine Artischocke
meine Mitternacht
mein Rückwärtszähler

(da capo!)

Die marmorne die steinkühle die
vorfrühlingsgraue Zauberei
die ahnungsvolle flügelschlagende Zauberei hat mich
endlich berührt.
Ich erkenne dasz ich nichts mehr vermag gegen sie
als mich ihr hinzugeben mit sinkenden Armen berstenden
Lidern
mit vergeblichen Zauberformeln die niemand
aufgeschrieben hat.
Du hast mich so mächtig verzaubert dasz ich nun nicht
mehr weisz
was ich dir für einen Namen geben soll
ob ich dich rufen darf
ob ich dir mein Lächeln nachsenden soll wie einen Brief
über die Hügel der Stadt
über den nächtlichen Strausz der Sterne
durch den Blasebalg des Winds.
Du hast mich ins Fröhliche verwandelt und strahlend
gemacht
und ich erkenne dasz die schöne Erde bespannt ist mit
deiner Haut
und dein Mund ist ein römischer Brunnen-Mund
und ich kann meine Hand in seine flieszenden Segnungen
legen
und dein Auge von dem ich nie weisz welche Farbe es hat

(ist es honiggelb oder blau wie Nächte im Frühling?)
ist ein Bullauge geworden in einem weiszen Schiff
ein Bullauge grosz und bekränzt mit Meer-Rosen
und mit diesem weiszen Schiff fahren wir weit …

die 43 monde eines kinderkalenders

bittag
vegas las vegas
karpasius
veit
sieben brüder
oswald
rosa von lima
maternus
gassus
gassi!
sabina
fides
kallistus
damaskus
walerich
(taube und kaiser wundern sich)
sichtbarkeit der planeten
der kraftvolle
der volksfürst
der wald
der nachahmer
der feurige
der roger
der siegeswolf
die russische
die schlachtbärin
die wunderwa-
die kurzohrige
die schwirrende

die u-botsmäszige
die fleisz- und blut
die radebund
die anna
die eiserne
die angel
die angela
die heimrad
das heimrad
die festrechnung
die finsternis
die entdeckung amerikas
die goldene zahl
die anatalia
die petronella
die petronella

(für Heimrad Bäcker)

»Lautréamont« oder: der schreckliche Frühling

zappelig (von eyes) und Küssen in den drei /
Fräulein / Monaten seiner mittleren Jahre
(Nasenhörnchen) pfeifend, die unbekannten
Naturen! jede verwunderte
Nacht ein Blutstürzen, aus dem Munde! / ihr unbekanntes
Bellen auf dem Estrich (»trollen!«) ihr ausgeleiertes
Tappen an der Treppe (»tatzen!«) –

(»in die Hände gefahren : in diesen halte ich sie
jetzt..«) / ihre eingeschnürten Tage : Leiber :
Schnürschuhe : Fuszseelen federlesens.. –
   und schnürt und (heckt)
   (wie Träne –)
   .. allenfalls drei
   Platonikerinnen.. / sodann

Auffaltung Anhäufung verschärfter (enthäuteter)
männlicher
Präparate.. / *verbrieft* :
(».. Eisstosz auf der Elbe zumal
da wir in Richtung See erst bis zu den Landungsbrücken
vorgedrungen .. diesen Strandplatz .. prunkendes Seetier
.. und *moorgebückt*..«)
Wirtszelle Bluthusten / oft auch die groszen
Leinwände Florpapiere Trübungen : alles
Familienbilder (».. Mutter .. auf deinem Rücken..?«) –
(».. Muttermal! .. ein Muttermal!..«) Lichtfotos /
ein herabzusetzendes zurückzuführendes Feuer Feder-
Gewicht Vermächtnis
der Harpyien?
Gipsbett / vollkommen gespicktes Blatt / trinkt Wasser aus
hohler Hand : *Waschungen, Gefühle zu tilgen* –
    (und wirft Arme in
    Luft / wie Windmühl')
  (nämlich die kleinen
  Wachshölzer in unserem
  Bett
    verstreut (verblaszte Waldfahrt / olivgrün /
    bepelzt / mit Krallen –
    hinauf in den Wald! wo nur das Wild geht
    der Schneewolf ..)
zu felsig bemühen der Talschlusz HOFFNUNGSLOS
die untere Reibfläche : zärtlich
Süszholz / Überflur / Tisch und Bett / eine
glänzende
  (Satire) –
    (nämlich ein Vokabular
    unterzubringen? unter der Zunge ver-
    stecken?
      (»wies mir die Liebe ab..« / »NAGENGAST«)
    eines Kindes
    (steilere Neigung?) Hand-
    geschmiede kalt und ausgerauchte Kohle Liebe :
    »Auslöschung unnützer Lichter« (Tanguy)

und Fuszgebete / ein Schotterstein
»sich niederwerfen« (arabisch) / aufgelesen
von seiner Hand im späten Januar ein
Kastanienzweig als schmale Pfeife auf meinem
Tisch / »Caruso gelesen, Roussel..«)

verbrieft : (».. auch ich verwechsle häufig das »b« mit
dem »g« / und sehr
berührt von den Einschüben : zweierlei Worthunde /
Regentropfen auf deinem Blatt deine Schrift
verwischend..
nach deiner Frage / Phrage *zu verlangend*
nämlich prachtvoll Komet und lasse er endlich
wie durch eine Sammellinse sein Licht auf uns fallen..?«)

ein sturmgerüttelt
Teppichkünstler / ein'
Kaltmamsell?

        (»und sperrt in Schrank
                Barett Erinnerung..«)

wie kommunizierende Gefäße sagst du

das ist die Hölle sage ich, das ist
das Fegefeuer sagst du, spiegelst orange wie Sonne
das ist die Hölle sagst du, das ist
das Fegefeuer sage ich, Hunde- und Autofriedhöfe
                                   entlang
wirkliches Blattmuster neu (Escher-Intarsien) an den
Wegrändern in den Alleen, je nachdem sage ich,
fortwährend diese Signale signalisierender Kopf dieser
Pferdekopf (meiner), und verlöschen und blenden auf,
fortwährend diese Signale aufleuchtend und
verlöschend, Schmieröllache auf dem Asphalt macht
mich straucheln zerrt mein Gebein Stiefmütterchenauge

blaßviolettes Menschenauge im Rasenbeet :
unbestechlich, prüfend : tiefes Blicken nickend und
neigend den Kopf darüber die erste Kirschbaumblüte des
Jahres am Straßenrand, tief
in der Künette stehend, die Unterarme am
Künettenrand abgestützt mit blicklosen Augen den
              grünlich verstaubten Filz in die Stirn gerückt
stehen sie reglos
in der Perspektive der Amsel sage ich, reglos wartend am
                        Grunde der Erde
sehe ich sie zwischen den Rädern des Lasters hindurch
                 eben nur ihre Köpfe und Arme
in der Künette reglos in der Künette die Amsel
in der Künette die Amsel tot
auf einer Wange liegend, rechtsseitig
wie ich selbst liege beim Schlafen
gebleichte Eierschalen : Gloriole um Vogelkopf
vollkommene Destruktion sagst du, alte zwergwüchsige
                   Frau mit Lodenmantel
und Stock humpelt vorüber, dann, Rücken gegen
               Hauswand hockt sie sich nieder
kniet auf dem Gehsteig vor einem unsichtbaren
Altar was den besagten Kopf betrifft, Farbe
Stühle Wasser ein Hund ich sitze am Fenster mein
                dunkler zerschlissener
Rock während die starrenden
Sterne während der starrende
Vollmond während alle Gestirne auf einmal in deiner
                     Person –

in Küssen schwelgend schwelgend in Küssen

hab oft hineinlaboriert in mein Taumel –,
Tausenderleben

dieser gelbe Tag büschelweise
die Kamelien nein! Kamele im Fenster Bläue
des Honigs träufelt mir Bild um Bild einer
Vergangenheit : meiner /
Nieswurz im Wolkenheim abermals Schulter-
küsse und -schlüsse Blut-
stein im Dalíhimmel VERSCHMERZT
ein sprießender Blick durchs Geäst so
grün behaucht von Frühling mein
käuflicher Traum / aufrauschend
Wolkengefieder

»die Scherben eines gläsernen
Frauenzimmers«
(Carl Einstein)

mich flieht der Schlaf
ich hocke auf dem Boden mit angezogenen Beinen
aus dem Kasten das Zweite Brandenburgische Konzert
nicht aufzufinden Freundesstimme tröstlicher Blick
ein junger Dichter schreibt mir
ob ich ebenso oft wie er daran denken muß
daß wir allein sterben
es ist der dreiundzwanzigste Dezember
vier Uhr morgens
aus meiner rechten Nase sickert das Blut

CHRISTOPH MECKEL

Ballade vom Lauf der Welt

Rief der Page: Danke mir reichts, Dero Spucknapf zu
                                            leeren –
Rief der Clown: Wenns weiter nichts ist! Halt du mal so'n
                                            König bei Laune!
Rief der König: Befehl ist Befehl, da gibts nichts zu
                                            rütteln –
Rief Papagei: Ich versteh nicht, ihr macht soviel Lärm hier –

Schrie der Clown: Ich geh stempeln, das Ganze ist witzlos –
Schrie der König: Das gibts nicht, du bist hier Clown,
                                            damit basta –
Schrie Papagei: Ich bitt euch, wovon ist die Rede –
Schrie der Page: Halts Maul, sprich wenn du gefragt wirst –

Tobte Papagei: So sagt doch, wovon ist die Rede –
Tobte der König: Ich bin der Herr hier zum Teufel, ich
                                            warn euch –
Tobte der Clown: Hört, hört, das wär ja noch schöner –
Tobte der Page: Und sowas ist König, ich bitt euch –

Drauf der König: Ich bin euch immer ein Vater gewesen –
Drauf der Page: Das stimmt, er hat uns geschunden, der
                                            Alte –
Drauf der Clown: Ich habs satt, Dero Rotznas zu kitzeln –
Drauf Papagei: Ich versteh nicht, ihr macht einen Lärm
                                            heut –

Und der Page: Mir reichts, schuld hat der da, er äfft uns –
Und der Clown: Ich sags ja, er macht uns konfus, dieses
                                            Mistvieh –
Und der König: So haut ihm den Kopf ab – und gehn wir
                                            dann essen –
Schrie Papagei: Was habt ihr, ihr schweigt ja so plötzlich!

Die Meister aber sagen

Die Meister aber sagen:
»gekrümmt«.

Und so träumte ich
ein Tier, den
Tiger des Alls,
im Willen zum Sprunge verharrend.

Niemals gewinnt so
ein Rachen Beute,
den Bissen, der sättigt.

Gelassen
geht der zur Tränke.

KARL MICKEL

Odysseus in Ithaka

Für Georg Maurer
in herzlicher Verehrung

Wo bin ich? das ist nicht Ithaka. Die Berge
Sind blau in Ithaka, die Ebnen geräumig
Das Blattwerk grün, o Wechselspiel der Schatten
Auf Wechsellicht lebendiger Gewässer!
Stumpf schleichts zwischen Geröll stinkend
Hier. Die Haine Staub und Strünke, aufstehn
Will ich nicht, ich wäre mit einem Schritt
Am Rande der Welt und spucke auf die Hügel.

Ich hab geschrumpft dies Land, indem ich ging
Zehn Jahre Troia, und ich kenns nicht wieder
Und hätt es nicht erkannt nach einem Tag:
Was ich verlasse, schrumpft. Die Frau am Morgen
Sobald die Tür ich zuschlag, ihre eigne
Großmutter ist sie, die Tür fällt rieselnd
In Staub, das Haus in Trümmern, Bäume dorrn
Sobald ich tret aus ihrem Schatten, Flüsse
Lassen zurück im leeren Bett geplatzte
Fische, wenn ich ausm Bad steig. So
Das hier ist Ithaka, seine eigne Mumie.

Ich bin ein Gott vermutlich und kann aufleben
Was ich einschrumpfte, andres dafür tötend.
's geht ein Gerücht, Odysseus kehre wieder
Leichenfarb, die Leichenfarb zu tauschen
Gegen Wangenrot von dreihundert Jünglingen:
Dann trügen diese Äcker doppelt, Zwillinge
Wirft alles Vieh, mit Wölfen Lämmer spielen
Und Götter kehren ein in Ithaka
Regelmäßig

Dreihundert Stück! Penelope, entweder
Mit jedem macht sie's, keinen will sie dauernd
Dreihundert Mann ersetz nicht einmal ich!
Oder mit Keinem? da wär sie zu langweilig
Und Kirke fällt mir ein, wenn ich sie vögle
Die Sau. Für Kirkes Schatten soll ich
Dreihundert abtun? Keinen. Troia reicht.
Ich will kein Gott sein, hinter mir zerfällt
Die sich selber fallen läßt, die Welt.

Zehn Jahr auf dünner Planke ritt ich, mit
Göttern meinen Willen kreuzend, litt
Klaglos, meines Feinds Poseidon Kraft
Stülpt ich auf meine Schwachheit, harter Haft
Vertrauend, daß die dauere und ich
Auf solchen Fels, ein Gott, mir gründe: mich.
Nun will ich nicht allein sein. Und ich geh
Mit wenig Freunden, auf der öden See
Wo keiner war, errichten ein Gefährt:
Ein schwankend flüchtig sicheres, die Erd.

Die Welt ein Schiff! voraus ein Meer des Lichts
Uns hebt der Bug, so blicken wir ins Nichts

Die Elbe

Schwarz die Elbe, Schwemmholz rammt das Ufer
Regenböen treffen graue Eisschollen
Die Böschung ist befestigt, Stein an Stein
Granit und Porphyr von Dresden bis Hosterwitz
Kein Brocken ohne Inschrift, Initialen
Gespeerte Herzen, Hähne auf der Stange
Kratzen sich ein von Dresden bis Hosterwitz.
Die Rillentiefe mißt des Mädchens Keuschheit
Und Furcht, oder Dauer der Fesselung:
Mit lockern Knien die Frauen zwischen Nummer

Und Nummer zwischen Gras und Heu, die Sieger
Eilen, den Triumph in Stein zu metzen
Die Pause für die Nachwelt nutzend: kenne
Nun den Gleichen wieder! find die Gleiche!
Aus Seufzern Küssen Worten Ein Geflüster
An Einem Ufer gleich jung alle Väter
Und Mütter Söhne Töchter von Dresden bis Hosterwitz,
Im dürren Weinberg von den schwarzen Ästen.
Träuft der Regen wie ein Schwarm von Kirschblüten:

So sah ich das. Jedoch das exponierte
Material reicht weiter. Männer, Frauen
Vernetzt gekoppelt, schlagen Wellen, Fluß
Neben dem Fluß, der Verkehrstrom
Reißt, der Interruptus auf der Straße
Und die Menge, wenn zwei Autos sich
Vernichteten, kreist um die Leere
Wie der Strom ums Aug des Strudels wirbelt.
Umgekehrt. Hier Eine liegt am Boden
Gespickt rundum, und Reisig kerbt die Hüfte
Dann ziehen ihre Blicke aus der Leiche
Passanten. Glimmend um die Trümmer
Kreist das Volk von Weixdorf bis Pesterwitz
Sanft wie die Berge neben dem Fluß
(Czechowski) kriechen Bestien in die, aus dem
Zoo, bei Kindern, nach dem Angriff
Achselhöhlen. Und Berufsverkehr
Heißt, daß Der mit Jenem, Der mit Dieser
Es (Sein Wesen) treibt, und jedes Menschs
Verrichtung, wenn nur Eines, und nicht sofort
Ein Anderes die Lücke, wie es, besser
Oder schlechter, ist, füllt, fällt, nicht wäre:
Vgl. auch den Kommentar zu Pindar
Von Hölderlin, Belebendes (Kentauren).

FRANZ MON

crna gora

aus häuten gesplittert gebirg gefaltet überm was
ser erst jetzt
die langgerissene wun
de hieß straße geprellt gewürfelt
                                    so laut
so schrien die esel im trupp so knarrn
die grillen im baum die haut
ist schwärzlich ist weiß doch
die wasser alle schieben den kieß hoch nachts

aber
        ist aber ein pfahl ist aber
        der stein der da war
                                    der sprang nicht
        der sprang im rock in der höh
        schrie am licht
                            war zuerst
        ein mann der knab über wassers haut
        geprellt nur fünfmal
                                    aber so flach
                                        so leicht gelernt
        so leicht zu vergessen unter der haut

bewehrt

          springts
      kleid
     schill
ernder biß: diese
   narbe der schild ums kleid
     fast zum
         knoten ein
            kleid nur gesun
         gen nur darum
      gesehn
               das kleid ein getöse bewehrt
      mit der zarten hand eines
               schreis

brücke unter den lachern

haben die lacher auf ihrer seite
lachen so langsam ein jeder
sieht: sie sehen
die lache zwischen den füßen
sieht sie: sie lachen lacher zwischen den brücken wo doch
der fluß war links
weder links also hat er die lacher
übers gelächter von links
so hat's auf seiner seite die lacher
springt auf über die lache der lachs inmitten und schlägt
          auf die fläche zu flach ein gebiß inmitten
          des lachens
          (mund im gebiß inmitten des lachens)
welches sich schloß auf seiten der lacher
gar die seite auf seiten der lacher unter den lachern
gar die lache im mund im gebiß auf seiten der seite

verzögerte biographie

tau
verlangen
(erinnre mich)
rücken das horn

flechtwerk eines namens
kalk.
grub
doch die frau

becken eine
sichel
schlaflose
binse

becken
angel ihr erster
ballast

(schlafkiesel)
hülle
hügel
eine absage

docht.
durchmesser
blöße
bogenblöße

block
sand
gehölz unter
zittern:

becken die sichel:
schlaf
bleiweiß alternder
feder.
auch schuh
harpune fürs aug.

abstand die
achse
doppelpunkt: die geschlossene
schote
huf
ihres leibs bohne
brander

ingrediens

drall
kerker
meine freiheit

entwicklung einer frage

will wer will
    wer geht wer ging
          wer kam doch
wer kam – wer ging doch
       wer ging
       wer ging da aber war doch
           aber war denn
              zufall zufrüh zukam er
        war doch er ging
        er ging doch
        oder ging er
        oder ging oder ging oder kam
           oder ging oder war oder was

in der haimat gibbts
gibts einer eins eim
heimat gibbts
hai herr her zu mir
    hör zu mir
hol holl holz
gehört zu dir
    gehört zu mir
    hör zu mir
          her zu mir
heer
    herr
    jo jo herr gibbts ein
wiedersehn
    bis auf die haare bis auf die
                  haut her zu mir
herz bis auf die haare
bis auf die haut herr

HEINER MÜLLER

WIEDERSEHN MIT DER BÖSEN COUSINE
Die mein Spielzeug zerbrach hinter dem Rücken
ZEIG HER und ich zeigte es ihr und sie nahm es
Und ich hörte es knacken zwischen den Wurstfingern
Sah ihr nicht zu vergessendes Lächeln Heute noch
Das Knacken im Ohr vor Augen das nicht zu vergessende
                                                    Lächeln
Rede ich schlecht über das was ich liebe aus Vorsicht
Jetzt sitzt sie vor mir und weiß von nichts
Der Schrecken ist kalt geworden Fleisch und Fett
Alltag Kindergeschrei Der Müll der Gattung

gesicht im pflaumenschein

der stahlummantelung ent-täuscht
verbarrikadiert sich die sonne
hinterm asbestplatten barakkendach
hetzt sie zum »Volkssturm« auf
verendet in letzten aufgeboten
; johlende heerscharen der LUne
die sich zZ als pflaume gebärdet
überantworten's marine sich selbst
mir grünt saulieb ein todestrieb
woher die erde sich denn dreht
(bleibt *mein* ARKANUM)
ist mir ohnehin inzwischensicht
indessen mithinnahme zu sauer
ist bewußtsein nur angesichts
des todes & davon durchdrungen
leben uns sterben & sterben
geburtssprúng durch den todt
wenn's drauf ankommt – »'s kommt!«

reißaus

geschmähte angeflehte, flieht
eh' sie euch entdek-ken, keck vollstrek-ken
& euch fosen zecken in die schmacht
bitt' ich euch; nehmt eure flucht auf/euch
: seid gerissen & wie immer – ridikül
verbleibe ich zwar in engerem sinne
aber erweitertem einvernehmen
zwischendurch schrei' ich euch
das neuro-mantische gedichtfragment
»reizend nahm sie reißaus«
& schmeiß's euch hinter

neue zeitung von alter kunde will ich euch
bringen

die vereine »edelweiß«, »eichenlaub« & »immergrün«
der verband der abgebrühten, ausgekochten
& rohlinge, & der verbund der hinterbliebenen
vereinzelter römischer handwerker, bauern & huren
entboten ein herrisches »kotz gott und killwommen«
den kellnern, kz-touristen, zaungästen & betriebsschützern
im super-markte, der seinesgleichen sucht hienieden
zum schutz & trutz der einkaufsparadiese legten sie
zu recht beunruhigt durch wandernde
                                        wahlgermanenstämme
römerwälle an, schwedenschanzen, trojerburgen &
                                        schweigemauern
        »sie wollen schön aussehen
        was helm und ausrüstung betrifft
        körperlich sind viele aber
        nicht besser gebaut
        als ein gemeinde-beamter«
beschwichtigte der nachwuchsstockstecherkönig gröfaz
hunderte schiffsladungen mit steinen aus brokdorf
ganze wälder aus waldheim, unzählige tonnen
                                        eisennägel
aus eisenhüttenstadt, eine angemessene anzahl juristen
aus dem juragebiet, jeweiliger rechtsbeugung
                                        vorzubeugen
& streng bemessene wagenladungen münzen aus
                                        schwarze pumpe
waren für diese einmalige anlage, die sich auszahlte
ebenso notwendig wie eine schweizer
                                        wirkstoffkombination
die ihnen den weg ebnete zu mehr abwicklungsvitalität
& ruhestandswohlbefinden, probier-sets wurden
                                        abgerotzt

latte continua permanente

ich erwachte notizenübersät
& beta-endorphin-überschüttet
stierte ich ins scheusal
& ersah die pogromvorschau
fürs überlieben in öl
in steinöl, in pfirsichkernöl
gelöster schwefel in milch
let's fuck vor the hard wanking people
dachte ich & wandte um

aufschaum im überschwang

ich fuhr ein in den stollen
        & ganz ohne es zu wollen
            geriet ich zu den trollen

gejohle, gekeife & eingeseife
        gebuhle, gekachel & abgebeiße
            ich steckte voll in der scheiße

ein grollen lag in der luft
        die knapp war, von ahnung ein duft
            streckte mich nieder, es barst die gruft

die der körper darstellt
        auch wenn ihm nichts fehlt
            & er vor wonne nur so aufgellt

mit typischen initiationsgebaren
        wurde ich zur chefin vorgefahren
            das pack hielt mich zum narren

den sie gefressen an mir
        sie schoben mich hin zu ihr
                sie schäumte schon vor gier

& wenn ich nicht gestorben bin
werd ich wohl immer noch gefickt

beim jäten auf dem letzten loch
nahm ich abschied von den sinnen
        wo der hund begraben liegt
        & der inster sich kräuselt
keiner war traurig als ich starb
        in meinem nesselsitz
        & keiner hat gelacht
        wie ogonjok ragnarök
        ging beispiel vorschlaf voraus
ein einziges grinsen, kichern, heiß-
gemache, abgeschneide, reingepfeife
angemache, abgemache & rumgemache
das nach & nach abflachte
        & als ich tot war
sagten die üblichen zu mir
        »ganz der alte«

Dich Sophia hat mein Grübeln
wie ein Streitroß aufgepäppelt
vor der Nacht am Helikon
Firlefanz und Samtkamellen
wissen von der Hauptverwendung
noch so wenig wie Herr Lorenz
als man ihr zur Zeit zitierte
und es waren seine beiden
Harfenpudel noch ein wenig
viel zu einsam für die Schur
daß nun deine Nachttrompete
im gesprenkelten Gefolge
und auch ohne Federflor
furkt und zarkt wie eine Puppe
daß der Pamm dich stutzig macht

Oh, Magdalena!

Die Stadt, in der mein Denkvermögen sich ver-
plempert, ist eine große, stolze, runde Stadt.
An Pferde denken ist nicht drin, zum Beispiel.

Sie, die mein Ein und Alles ist und aus zwei Mer-
seburger Hälften besteht, heißt ja auch Merse-
burg, weil, selbst wenn ich an Pferde denke, was

nicht drin ist, etwa, mein Ein und Alles sich
in ihr verringert; und besteht aus zwei großen,
stolzen Halbkugeln, weil diese auseinanderfallen,

wenn meinen Pferden die Puste ausgeht. Dort vor
den Toren meiner Stadt, die von Beschwörungs-
formeln zusammengehalten wird, rackern die Pfer-

de sich ab. Sie verbrauchen viel Puste. Wenn Mer-
seburg vor beiden Toren Merseburgs entzweigeht,
ist es entweder Tag, oder es ist Nacht. Ich brau-

che sowohl den Tag als auch die Nacht zum Denken –
davon geht mir die Puste aus. Meine Stadt, in der
die Puste ausgeht, hält nicht nur die Physik son-

dern auch die Pferde, an die zu denken nicht drin
ist, zusammen – sie reißen und reißen, dann den-
ke ich, mein Denkvermögen geht mir aus. Wenn die

stolzen Hemisphären auseinanderfallen, geht, den-
ke ich, auch den stolzen Sprüchen die Kraft aus
und Ein und Alles entweicht – nach Nordnordsüd.

Kummer und Socken

Die anberaumten Socken stehn am Morgen an, und
wenn es Socken sind, dann sind es meines Wis-
sens meine. Ich bin nicht sehr gewitzt im Socken-

brechen – obwohl es meine sind, sie tun mir leid.
Mein Sockenkrempel hat im allgemeinen sehr we-
nig für mich Zeit. Das Oberstübchen steht dann

meistens offen. Wenn dennoch ich am Morgen sehr
besorgt um meine Socken bin, verliere ich das
Zeitgefühl. Sie sind nicht besser dran und das

macht mir oft Sorgen. So hypnotisiert mich bei-
spielsweise oft der Feind der Socken mit seiner
kühlen Schulter. Auch um die Anberaumtheit steht

es nicht unbedingt sehr gut. Mit anderen Socken
geh ich aber gerne um – man kommt sich nah, die
Nähte halten dicht. Es wird auch Zeit, sie nicht

mehr zu entfalten und lieber Garn zu spalten. Ob-
wohl die Socken unterschiedlich wärmen, sind mei-
ne Socken meistens mir sehr fremd. Am besten

liegt man meines Wissens doch mit fremden. An
sich sind anberaumte Socken alt und lästig. Froh
machen keine Socken aber auch nicht immer sehr.

Überlebensgrobe Euryathne auf einer
allergoriechn Wolke vorbeischwebend

(Zie bläzt Heu-Tompete
heu wie zie bläzt:)

Radix, Codex, Minox – Äskulap! (haddehz)
Agne Remtemtem-Tschütörtök-Trumbitza, agne
Karm-Ha-Kzieh! (haddehz)
Agne Äskulap-Hypostas-Extaz, agne
agne,
agne,
agne
… ädyms! (haddehz)

Mlatex, Astik, Klytem
(heu wie zie bläzt)
agne perückende asklepiadeische Glesna!
Agne Atam-Thum, Galuppi-Glups,

agne lymphomagne agne,
agne,
agne
… xtas! (haddehz)

(Heu wie zie trazpiriert ihren Schnoizn-Schloiz,
ihr Charakter bläzt, zie roizt muko-glyppal,
es rinaspiert, auf der Wolke erscheint ein phä-
nomenomenales Trazparet:)

Heu meu mymykeus heu
heu Rystix-Tox meu
heu Katareutschitschi
peutschitschi meu-meu!
… ädyms!

Agne heurippende
neue
Erkenntnis-Glyps

ARKADIEN – ein auch
früh – dem pfeil geflogen
einmal ich
einmal war
einmal gebirg und tal
durch – und zurück
das war in einem
ein auch arkadien

nicht mein arkadien
sondern ein auch
nicht durch – nur in
war in arkadien
ich einmal auch

ich war nicht in
arkadien – kein ich
war – nur gewesen
in nur arkadien
dem schütz-schütz

ausgeschlossen
nur ich war nur
nur nur war auch
nur war war in
arkadien nur

desgleichen
also doch
in auch einem
– gezogen

Entworfen also – und dann aufgestellt, genau, und freige-
geben: Pappkamerad? – oder Komplize? Da fällt Sonne, da
schmilzt Schnee, da ist »Wachs« ein Notwort für »Bestür-
zung«. Der Nebel teilt sich – hier ist Wind; und ich rede
mich um deinen Kopf, lesendes Moment, und heiser, da-
mit was rüberkommt, rübergeht – Aussicht auf einen zu-
geschneiten Paß. Denn was mich herstellt, trickst mich
augenblicklich weit hinaus – unweigerlich; umsonst sind
bald Subjekt und Zeit und Ort gewechselt; du bestimmst
jetzt das Spiel mit »Eis« und »Sonne«, »Wärmefluß« und
»Wolkenspaltung«; kurzum den Vorgang, der insgesamt
so schmelzend heißt; und ist; und schon dich ausmacht,
weil ich drin vergehe … Gewiß, ich mute zu; und etwas
anschaun heißt was anderes zu sein; und es beschwören
heißt es aufbrauchen – Spitzfindigkeiten; nur daß auch sie
mich nicht fixieren können – ein verrücktes Sirren ist im
Gang, infinitesimale Dinge; während mein Sang & Klang
fürs Kinderherz mit seiner rettungslosen Schwelle nur
immer kleiner wird in diesem Windstoß, der den Exodus
einleitet.

Wanda Parehte ist so zweischneidig

O Wanda jenes schilden Mir-Entgegen
so stemmt sich Aug dem Auge nur
ins Schneegestöbre (schizopubes)
wann Phren aus surren Steinen spricht:
Poen!

Edle Trense! Mir auf Häkel-Einse!
Schieles Visier an Pleuels Zungenflor –
viskose Gräte mir zu fleischen Klammern
wann Phren aus surren Schlünden spricht:
Poen!

Parehte Wanda, Öhrenschneide, 78
bist noch so jung mir zwischen und hindurch
gehst rasch entzwei – doch reiß die Luft zusammen
wann Phren aus surren Zwickeln spricht:
Poen!

Zur Rechten acht und neun zur Linken
sieht Konstruktionsmaschinen man in Watte
umfragen vor Wandas Eben-Geist
wann endlich Phren aus surren Töpfen spricht:
Zoen!

O Wanda, Lichte, mir in Phlogiston entgegen
wie lappt es mich dem Süßstoff-Auge fixiert
halb Farn-Einheit und halb Embolie (zivile)
wann Phren aus surren Sinnen spricht:
Gottfried! August!

O Poen!

premiere

& schwarze & weisse
rosen zu knatschen zu
schwarzen & weissen rosen
zu mantschen & leise
quatschen von weissen
& schwarzen rosen sie
quetschen & tätscheln
um alle aufzuputschen
zu schwarzen & weissen
rosen sie abzuwatschen
um sie zu weissen um
sie zu schwärzen sich
darum zu reissen & leise
am reissverschluss patschen
bei plätschernden rosen
& plauschen & plantschen
in schwarzen weissen &
gatschigen rosen & da-
zwischen zu zwitschern
& leise ins schwarze
zu gitschen & weisse &
schwarze warzen zu
lutschen zu schwarzen
& weissen warzen pet-
schieren & patsch! ins
klitschige klatschen es
weiss und schwarz würzen
& zähnefletschend leicht
an den rosen zu naschen
zu quietschen & raschelnd
sich abzuwischen & weiter-
zurasen die nischen durch-

flitschen nach ihnen zu
haschen sich waschen &
waschen & leise die schwarzen
& weissen rosen zerknutschen
& knirschen & leise die
weissen & schwarzen ro-
sen zerknutschen &
leise

+ + +

zerbrach (der strom) & lippenblau
(vorrüberrollend) stand der garten
in kälte (ohne feigenblatt) rauch
blass (& zitternd) & und die hände ab
gebogen (augenbrauenhaft) so
oder so (so ungefähr) infrage
? fixiert & kahl (ich nickte einen zwei
g) & freillch unberührt & sanft
wie samt & seide (weiss) ein kind
(ganz nackt) dabei doch blätterleib-
warm strandguts voll (blut) &
erstaunt (jetzt) blühend fast
(weshalb?) & wellenabgewandt (ich
sah es erst beim zweiten mal) durch
schnitts (sehr langsam) sei
ne wei   (ne wei)
ch   (ch)
eeeee   (e)
keh
le ge
räusche (tanzten) & verzagt & sägend a
ber intensivst (ich stand beim zaun) &
& die wunde lippen (l,i,p,p,e,n)
blau umrandet brach (wann nur?)
aufff

auf (& kein strom mehr ir-
gendwo) bis sie da vonflog
erkaltet (mein ich) steif & fort
& fort (ineinem)fort
(der schöne garten)fort   ich
stand beim zaun (kein könig nicht)
& habe freilich nichts gesehn &
habe freilich nicht ge
zwinkert

herbst

auf, sagte die sonne, die säge.
da summte die blume, diese. die
wiese weilte, da meinte die erde,
rede. nun hiess das, meine. schon.
unsummen sommers, und am lande,
soweit der himmel. ab, zögernd,
stand weilend über der blüte.
du güte! aufsaugte die blume
den sommer. da sägte die rede
weiter. abzogen die hummeln.
nun hiess das. der lümmel
hielt abstand für eine weile, für
eine welle. landend, das trübe.
da sickerte die sonne zur sage,
zur sau! die erde sodann, summte.
welkend, die weile, blühte,
als sengte sommer die wiese. rede,
und dies, weil. das hiess, die
himmel zögen. ab stand der aufstand,
die absage, und zagte, eingesargt.
zarte säge! daraus das aufgeblähte,
weiter aufs land runter lümmelnde.
weilende weile, das heisst, gute
sengende sau blume. steh auf! und dies,

weil. dann insgesamt das gesummte,
die unverblümte unsumme. so weit
der himmel. absackte, absagend, die
sonne, aufsagte die sonne. auf!

reise

ins zarte feuerland
des frühlings, mein tal,
das uns milde wärmt
und öffnet unseren wünschen
knospen; durch den sommer
weiter, sommersprossig die
wiese, und da kleben wir,
harz an harz; in den halb-
schatten des herbstnach-
mittags, dir durchs haar,
der uns die worte tönt;
bis in ein lappland der lip-
pen, dort, wo uns zärtlich,
als flocken, der schnee
treibt …

trauriges pudern

mehrere dunkle wolken wehen herein
die sind so mehrere und so allein
selbst in einem dunkel
und das könnte nicht dunkler nicht sein
als ich in meinem alleinverein
meine füsse und meine hände

da dunkeln sie mich gleich wehend ein
auf meines schminktisches schwarzer wolke
mit den wehenden^{den} fahnen

mehrere dunkle wolken wehen herein
ich schau schon dunkler und weher 3n
wie eine wolke traurigen puders

immer mehrererere

tragödie

                    traun!
wenn dieser jambus auch ein nimbus ist,
den ich um diese rede rhythmisch legte,
so nur, dass deren inn're schauer wieder,
nach denen ich so lange ausschau hielt,
mir, da zu versfuss ich herbeigeeilt,
in einer melodie herniederprasseln,
die ihresgleichen in der sprache sucht
– wiewohl ich weiss, das ist ein wenig kühn;
indes, was and'res sollt ich findend schallen:
erinn'rungsfeucht, von silben selbst noch triefend,
lass ich das mehr durchnässte stück vom stück
im sinn mir kleben; leg der zeile auch,
in der ich eben bin, noch dithyrambisch,
den regenmantel um (doch wollt ich nichts bemänteln)
und hol'pre strolpernd aus des verses szene,
nur pfützen hinterlassend, kringel, kritzel,
die, durch ein komisches gedächtnis übertragen,
mir zeigten, was zu zeigen ich versucht war.
lebt wohl!
(und stirbt bei vollem licht).

186

Dass, wenn die Sonne nochmal scheint,
die Wienerweisen nochmal klingen,
und uns unter gruenen Lauben,
beim Weine,
der Tod anschaut
oder zuschaut,
klein, verhutzelt und verbogen.

Das Leben

Wenn sich das Leben richtet
nach dem Falle wieder auf,
hab ich die Falle schon gesichtet
und haue dem Leben eins drauf.

Da oben

Auf einem kuehlen Berge,
an eines Hauses Wand,
hinter einem Fenster,
bei Sonnenschein,
da ward mir schlecht,
da ward mir suess,
da hat er mich fertiggemacht,
der innere Zwerg
mit seiner Turnerei
zwischen meinen Ohren.

Bei der Nacht

Manchmal faellt noch von der Hoehe
nachts dem Wind aus seinen Haenden
die Trompete runter,
auf den Wassern in der Tiefe
einen Marsch zu blasen.
Und die Menschen in den dunklen
Kammern machen Wummtata.

Lieber Schafbock, tritt herein!
Du sollst unser Hirte sein,
schafe die Frau,
bocke das Kind,
sodaß wir alle glücklich sind
(ich ausgenommen).

Inschrift für einen Musikkomponisten:

»Sodass dan sich, mit Blumen und Federn auf
dem Haupt, und mit Fotographien von Früch-
ten und photografierten Früchten in den
Händen und anderswo, ins Bild bringt, und
das ist der Stefan George dran Schuld und
das Stragula-System, aber Stefan Wewerka einstmals
auch.«

»Nicht so wie dort, wo in der Hand aus Schmalz
ein Pup am Wege weht, woraus man das Lied hören
kann:
‚Wir sind, seitdem wir Schönberg
gehört haben, so sacht durch das
Leben gegangen.'«

Das Getöne

Wenn das Sonett und was man so genannt,
will es der Zufall daß sein Ton ihm nicht verwehret,
das Bessre sagt, das uns so oft verwehret,
was uns dann stärkstens auf dem Magen lieget,

dann drückt des Willens Wort aus Kraft des Wollens,
wohl einer Zeit der Kraft des frühen Scheidens,
die noch sich hinzieht, worin aber weilet
die Ungeduld, das, was sich sehr beeilet,

was aber sich umsonst so sehr beeilet
und durch die Tiefe sich zum Grund abseilet
und unerhellt zuletzt ins Dunkel fällt,

wo es sich wiederum zu sehr beeilet
und durch den Grund zu tieferm Grund abseilet
und unerwartet schnell ins Helle schnellt.

Das Getöse

Wo das Sonett – plus (dass das, was man immer so
    genannt, sei genannt) das, was man immer so genannt –
ein Zufall wäre, weil das Herz es so begehret,
ein Zufall des Bessern, welcher so geschähe, dass dies
                                wiederum verwehret
sei und als ein Schlechteres geschehe – in Form des
                                Besseren, also verkannt –,

dort drücke Willenskraft aus Kraft des Willens – Kraft die
                sich erweibt, erkindet und ermannt –,
wie wenn ein Löwe brüllt, dem man die Löwin strikt
        verwehret – das ausgeführte Zeichen eines Willens sei
                                also verwehret –,

verwehrt, obschon sichs hinzieht weit in des Willens
                                    sichere Ausdruckssphären,
als da sind: Pflanzen und Tiere – falls man dieser Worte
                                                    begehret –,
ja, ob es sich hinziehe wo dies alles nicht bekannt,

ist doch es fast umsonst, ja, ganz umsonst, dass man
                                        sich wohl beeilet
und durch den Grund zur Tiefe fällt –
dies ist leider nicht erhellt –,

die sich nichteinmal belichten kann so man erbleichet,
sodass man am besten auf sich fängt und weg sich
                                                schleichet
und, sich hinwegbegebend, nicht verweilet.

Das Getöne bis zum Getöse

Wo das so nett da, was Sonett genannt,
ein Zufall ist, weil man es so begehret,
als Bessres, eines Schlechtern das verwehret,
oder als Bessres das, als Schlechteres, verkannt,

dort drückt des Willens Kraft aus Macht des Wollens,
ob auch die Zeichen sich der Schwäche mehren,
dort zieht sich hin was in des Willens Sphären
nicht recht kann blühn, das Opfer frühen Tollens,

so daß es sich umsonst hat hin beeilet
und drum, durch dunkler Gründe Tiefen fallend,
zu Grunde geht, halbe Sonette lallend,

kein Licht empfängt vom eigenen Erbleichen,
so daß man daran denkt hinwegzuschleichen
und, sich hinwegbegebend, nimmermehr verweilet.

190

atemgedicht

h (einatmen)
h (ausatmen)
h (einatmen)
h (ausatmen)

h (einatmen)
h (ausatmen)

h (einatmen)
h (ausatmen)
h (einatmen und den atem gespannt anhalten)

h (erlöst ausatmen)

gebet

gebet ist ein frühes beispiel für eine lautkonstellation im strengen sinn der ›konkreten poesie‹. der litaneiartig wiederholten vokalreihe a-a-u-e-e-o-i werden in freier folge verschiedene konsonanten vorangestellt, so dass sich kurze silben bilden. wenn sich alle möglichen zuordnungen (konsonant – vokal) realisiert haben, bleibt die vokalreihe wieder in reiner form zurück. der titel »gebet« spielt auf den meditativen charakter dieser lautkonstellation an.

der vortrag erfolgt in einem litaneiartig gedämpften sprechgesang innerhalb einer grossen terz. für die vokalzeile »a a u« gelten die töne c, e, es, für die zeile »e e o i« die töne d, d, h, cis (nach stimmlage zu transpo-

nieren). geatmet wird am besten nach jeder sechsten
zeile (des abgesetzten teils). das tempo der beiden voran-
gestellten zeilen beträgt (von vokal zu vokal über das zei-
lenende hinweg) 138 (metronomwert), das aller weiteren
160.

a a u
e e o i
a da hu
e de bo i
da ha u
de e do bi
ba ba u
be be o ni
na a bu
me he so mi
ma ma su
e ne so ji
sa sa ju
je e ho di
ga ja gu
e ge do i
a na nu
ne he go gi
wa da du
we we o wi
sa ha wu
e se mo hi
a sa hu
me me wo i
na na mu
se de no si
a na u
e de jo i
a a nu
e de o i
a a u
e e o i

marianne, deine kunst in ehren

marianne, deine kunst in ehren
aber

Erklärung

Ich, Gerhard Rühm,
bestätige hiermit eidesstattlich,
dass ich beim Überschreiten des Kudamms
aus Unachtsamkeit in eine Regenpfütze getreten bin,
wobei ich meine neuwertige Hose bis über die Knie
bekleckert habe.

Berlin, am 30. August des Jahres.

blumenstück

für günter brus

die tulpe scheisst auf den rasen
das veilchen furzt in die hand des gärtners
das vergissmeinnicht kotzt ins seidenpapier
die nelke schlatzt auf den stengel
die orchidee onaniert zwischen den fingern des fräuleins
    und bekleckert sie bis in den ärmel hinein
die rose stinkt nach schweiss und menstruationsblut
das maiglöckchen rotzt auf das frische tischtuch
die lilie brunzt in die vase
die hyazinthe rülpst auf

besäufnis

willst du
willst du,
wie ich,

willst du wild sein
wie ich, will ich
wie ein widder

wie ein widder
will ich
schrein, ja schrein!

wirr wirr.
ja,
wir.

willst du, sag willst du
wie der wind sein
wie der wind, der wind

willst du
wie der wind
wie ich,

will ich wieder
und wieder
dawider sein

wie die wipfel
dawider wiegen
wiegen und mich wiegen

willst du
wie ein wild, wie eine wilde schrein,
schrein, schrein, will ich wie der wind

wie der wind
über wiesen
wispeln wispeln

wenn du, ja du,
wie ein wild, wie eine wilde schrein schrein
                                    schrein willst,
ja und ja, ja, dann will ich so sein wie du,
                            ja du du es willst

und ich! willst du, wie du willst,
ja du willst,
mir winken, he!, wir winken, winken

wie wimpel
winken, winken wir,
winken!

in allen winkeln
nur wir
wirr, die wir, ja mir, die winken winken, dir
                            winken, ja, ja! wir winken!!

wirbeln!
die wipfel, ja die wipfel, ja,
wir wirken, wirken wirbelnd über wipfel! ja!!

wissen wir
wir wissen, was wir wissen wollen
für diesen winter – den winter.

windwärts..
winzig.
wirsch, weil

wir winken wollen, wirken, wirbeln, wissen
und allen allen winkend
winken, winken

sie wissen nicht warum,
wispeln wispern
wittern etwas, was?

was wittern sie? was?
wie wie wild, wie wild wild wild wir sind,
wild, wilde, noch noch wilder!!

wie winde, die winde, wir winde!
wie die winde, die
uns wiegen wiegen wiegen wiegen

wiegen
würgen!
bis nach nach ..   wien!!

und dies dir, ist dir, ja dies ist dir
ge-, ja dir ge-
widmet.

ich wiederhole:
wieder hole
hole hole

hole uns her!
wer sind, wer,
wir??

weder du
noch ich
werden einmal

nein, weder du noch ich
werden noch einmal so werden
werden, wie wir jetzt, jetzt, ja jetzt!! sind!!!

(beim vortrag, der atemlos sein sollte, kann mit dem letz-
ten »jetzt!!« ein glas an die wand geworfen werden.)

196

glaubensbekenntnis

ich glaube an ein kalb.
ich glaube auch an zwei kälber.
ich glaube, dass jedes kalb ein hirn hat.
ich bin überzeugt, dass man kälber schlachten kann.
ich glaube an eine henne.
ich glaube auch an zwei hennen.
ich glaube, dass jede henne aus einem ei geschlüpft
	ist.
ich glaube fest, dass hennen eier legen.
ich glaube auch, dass eine henne zwei eier
	legen kann.
ich bin überzeugt, dass es eine zwiebel gibt.
ich glaube, dass man eine zwiebel teilen kann.
ich halte es für möglich, dass man dabei weinen
	muss.
ich glaube an die kuh.
ich glaube, dass kühe milch haben.
ich glaube fest, dass man sie melken kann.
ich bin überzeugt, dass man durch stampfen
	butter gewinnt.
ich glaube an die zeit dabei.
ich glaube an eine menge von 3 dkg butter.
ich glaube, dass man zwei schädel spalten und
	ihnen das hirn entnehmen kann.
ich glaube, dass man die hirne wäscht, abzieht
	und hackt, ja hackt.
ich glaube an die geburt des feuers und an die
	eilige flamme, die wärmt
ich glaube an den herd, als den geburtsort des feuers
	und an die pfanne, die die flamme wärmt
	und erhitzt.
ich bin überzeugt, dass die butter darin zerrinnt
	und die zwiebel in der flüssigen butter
	anläuft.
ich glaube fest, dass man die halbe zwiebel
	zuvor in noch kleinere stücke zerteilen konnte.

es würde mich wundern, wenn man das hirn nicht
   dazugeben könnte und
es würde mich wundern, wenn es dabei nicht
   durchröstete.
ich glaube, dass sich über alles die beiden eier
   schlagen lassen.
ich glaube auch, dass man die pfanne vom feuer
   nehmen kann, wenn die eier halb gestockt
   sind.
ich glaube ferner, dass man das ganze mit
   schnittlauch bestreuen kann, denn
ich glaube fest, dass es den schnittlauch gibt.
ich bin überzeugt, dass ihnen das gericht bekommen
   wird.

Hymne

Völlig im Einklang mit diesem Satze Hamanns,
daß der purpurne Mantel des Genius
nur den blutigen Buckel ebendesselben verdecke,
(sehr fein beobachtet!)
justiere ich meinen Hintern auf dem Hocker von Riemerschmidt:
Ja!
in meiner Branche ist Glut und Finsternis durchaus der Umgang!

Zwischen Geburt und Beil halte ich mich
meinem Zeitalter zur Verfügung.
Ein klarer Kopf hat sich auf meinen Schultern konstituiert,
voll süßen Grimms
auf die hierorts gehandelten Sitten:
wie es speckgeknebelten Halses von Freiheit quäkt:
kein Stroh zu gemein, kein Arm unerschwinglich,
und dem man das Licht noch vorkaut, er mietet
den Streifen Abendlandes vor meiner Türe.

Der unter solchen Umständen zu singen anhebt,
was bleibt ihm zu preisen?
was wäre, he-denn, eines erhobenen Kopfes noch wert?
Trainiert und geflügelt
nahet der Gauner im Glück:
eine schöne Gesellschaft möchte sich maßnehmen lassen,
zwischen Hacke und Schnauze: Erhabenheit!
Dahinter den Mond, wenn ihm Tran,
Tran, hell wie Tau, aus zerlassener Locke träuft;
schöneres Bild eines Hochkommens, handkoloriert – gemach!
gemach, Señores,
euch laß ich den Tiger tanzen!

Aber nun:
die ihre Schwäche nicht adelt,
halten um Lieder an;
brav unter ihre Dächer geduckt,

wie sie die Peitsche zu unansehnlichen Brüdern gekämmt hat:
Kumpel!
mach uns ein Lied!
der du als eins unter andern
hungriges Hündlein bist,
mit den Lüsten der Hündlein
u-hund
dem trauten Wauwau eines allen gemeinsamen Grundgesanges –
Ihr Jecke, das ist, was einem in Deutschland das Hirn an die Decke treibt:
rührt euer Klinkerherz andres als Schuß und Schlag,
oder:
wo ich euch aufspiel, legt ihr da mit Axt an?

Deutschland[1] – Deutschland[2]
hier wird mir kein Bruder gworfen;
hier steht die Luft, wie die Torheit stolz auf der Stelle tritt.
Zwar
mit Forsythia führt sich auch diesmal wieder der Lenz ein, mit
Rosenbändern,
aber Träne auf heißen Stein ist des Wackeren Jammer!
Ach, wodenn träfen sich Zweie im stillen Anschaun des Monds, gleich
in Erörterung der kernwaffenfreien Zone?
Woooooo,
liebende Freunde und reflektierende,
drängte hoffnungsvoller nach vorn die Verfeinerung?
Daß des Edlen »Avanti« mächtig aufkläre unter Irdischen,
ihrer Schwalben Geleit, gütlichem Sommer zu –
Oh Ihr Gefährten,
unsichtbar noch, aber im Dunkel schon ausgespart,
aus dem Schlamm des Vaterlandes erhebt euch!
Die Unmuts-Zunge rührt,
froh der Anfechtung und e i n e s Zornes voll.
Daß ein künftig Geschlecht euch anständig spreche.
Größe von eurer Größe zu nennen weiß
und Nein von Eurem Nein.

[1] DBR; [2] DDR.

Variation auf »Abendlied«
von Matthias Claudius

Der Mond ist aufgegangen.
Ich, zwischen Hoff- und Hangen,
rühr an den Himmel nicht.
Was Jagen oder Yoga?
Ich zieh die Tintentoga
des Abends vor mein Angesicht.

Die Sterne rücken dichter,
nachtschaffenes Gelichter,
wie's in die Wette äfft –
So will ich sing- und gleißen
und Narr vor allen heißen,
eh mir der Herr die Zunge refft.

Laßt mir den Mond dort stehen.
Was lüstet es Antäen
und regt das Flügelklein?
Ich habe gute Weile,
der Platz auf meinem Seile
wird immer uneinnehmbar sein.

Da wär ich und da stünd ich,
barnäsig, flammenmündig
auf Säkels Widerrist.
Bis daß ich niederstürze
in Gäas grüne Schürze
wie mir der Arsch gewachsen ist.

Herr, laß mich dein Reich scheuen!
Wer salzt mir dort den Maien?
Wer sämt die Freuden an?
Wer rückt mein Luderbette
an vorgewärmte Stätte,
da ich in Frieden scheitern kann?

Oh Himmel, unberufen,
wenn Mond auf goldenem Hufe
über die Erde springt –
Was Hunde hochgetrieben?
So legt euch denn, ihr Lieben
und schürt, was euch ein Feuer dünkt.

Wollt endlich, sonder Sträuben,
still linkskant liegen bleiben,
wo euch kein Scherz mehr trifft.
Müde des oft Gesehnen,
gönnt euch ein reines Gähnen
und nehmt getrost vom Abendgift.

Chor der Geretteten

Wir Geretteten,
Aus deren hohlem Gebein der Tod schon seine Flöten
schnitt,
An deren Sehnen der Tod schon seinen Bogen strich –
Unsere Leiber klagen noch nach
Mit ihrer verstümmelten Musik.
Wir Geretteten,
Immer noch hängen die Schlingen für unsere Hälse
gedreht
Vor uns in der blauen Luft –
Immer noch füllen sich die Stundenuhren mit unserem
tropfenden Blut.

Wir Geretteten,
Immer noch essen an uns die Würmer der Angst.
Unser Gestirn ist vergraben im Staub.
Wir Geretteten
Bitten euch:
Zeigt uns langsam eure Sonne.
Führt uns von Stern zu Stern im Schritt.
Laßt uns das Leben leise wieder lernen.
Es könnte sonst eines Vogels Lied,
Das Füllen des Eimers am Brunnen
Unseren schlecht versiegelten Schmerz aufbrechen lassen
Und uns wegschäumen –
Wir bitten euch:
Zeigt uns noch nicht einen beißenden Hund –
Es könnte sein, es könnte sein
Daß wir zu Staub zerfallen –
Vor euren Augen zerfallen in Staub.
Was hält denn unsere Webe zusammen?
Wir odemlos gewordene,

Deren Seele zu Ihm floh aus der Mitternacht
Lange bevor man unseren Leib rettete
In die Arche des Augenblicks.
Wir Geretteten,
Wir drücken eure Hand,
Wir erkennen euer Auge –
Aber zusammen hält uns nur noch der Abschied,
Der Abschied im Staub
Hält uns mit euch zusammen.

nur als beispiel

für priessnitz

der deuter:

begann um,
auf zu. schrief, wurde
wußt, heiss haß,
log.
tu. wechselt, wäubte,
schau(er)ret, schwug.
überhaupt: der schwelg.
schlies, lob hob. der augen
such; schwoll,
schloss und kürte
die fuge.
dann: kehrt, meinte der
hermen neue, metrig sinn,
ja, ob, doch, nun, gar,
wohl, hin, zu, aus
schluss.
kühl. (kühl.)

komp(l)ott

festgeronnen
zersoffen
die sinnhürde
zu
gesottener
sinnenwürde

süssgekippt
gelechzt
die rosensucht
zu
gerührter
hosenzucht

abgesaftet
geschürt
die blütenwelke
zu
geziemter
weinnelke

stossverrührt
getränt
die bruchbuchtelwucht
zu
gemanschter
früchteflucht

(die locklos
im kaumut des mundes
unmitte
harrt)

wien
(fett fleisch wein butter)

mundumrahmt aufgeziert
umgesaumt aufgesahnt;
dabei kundgetan
ja abgeblüht:
prostschlecksüss
schlundbluteck

vorgeahnt am tuch
abgespeckt zum fleck;
hingesetzt braungebrüht
sinnverführt unterbiss:
bugumblüht im fluss
schwankenden schäumens
im keckkrug

triebhelle
zahmlahme gerührt;
geschmiert am luststrom:
gaumen – rede – welle –
mund – lippe – sinn

rund frisch aufgewetzt;
vollbesetzt dazugetan
ahnt:
es schmeckt abgemahnt
zum fleck jeder mund schlund:

rost
pose alles in der hose
umspriesst trockene qual

vom strom bloss klippen ziehen
verfliesst der rose lust;

scheiden entzücken kann
als kuss im mund;

statt abgebrüht durch die fasern
eingeätzt im döschen
zu träumen schöpfend
der wellen geschwätz;

zu fliehen verlangend nach
stil –

aufgeziert verliert
des stoffes segel
tuch

tut
mager aufgetischt
lust.

Mörder Sommer

Die Leuchtspurgeschosse
des Nachtigal-Liedes
haben die Fliederdolden
zerfetzt; die Statue des
Frühlings wurde gestürzt.
Nur Wicke schmückt noch
den Sockel; das
abgeschlagene Haupt
ist mit Bahnen
glänzenden Schleims
überzogen: vom
Salzrand des Auges
zehrt noch die Schnecke.

Schaum Glast das Zähere
Tinte Haube das Zähere
Zelle Wade das Zähere
Krebs Fächer das Zähere
Stimme Gurt das Zähere
Magnet Iris das Zähere
Seihen Gräte das Zähere

Entblößen des Blutes
Finden des Blutes
Singen des Blutes
Brache des Blutes
Blähen des Blutes
Knöpfung des Blutes
Balzen des Blutes

kalke Violine
stümmele Zank
sinter Fries
hetz Elfenbein
pfeife Achsel
krüpple Terrasse
fordere Reisig

ROR WOLF

Fünf Hinweise zur Lage

wie ist die Lage?   die Lage ist gut
wir haben keine Angst
wir haben nie Angst gehabt
wir werden keine Angst mehr haben
wir brauchen keine Angst zu haben
wir haben nur ein bißchen Angst
wir sehen die Dinge wie sie sind
wir lassen uns etwas einfallen
wir machen uns keine Sorgen

wie ist die Lage?   die Lage ist gut
wir packen nicht ein
wir geben nicht auf
wir sprechen noch mit
wir steigen nicht ab
wir schaffen es schon
wir bleiben ganz vorn
wir sind bald am Ziel
wir sind überzeugt

wie ist die Lage?   die Lage ist gut
wir zittern nicht mehr
wir haben gut lachen
wir wollen es wissen
die Wende wird kommen
der Knoten wird platzen
die Serie wird reißen
wir haben noch Hoffnung
das wirft uns nicht um

wie ist die Lage?   die Lage ist gut
wir sind aus dem Keller
wir steigen nach oben

wir kommen ans Fenster
wir bleiben auf dem Teppich
bei uns geht es aufwärts
bei uns rollt es wieder
bei uns brennen alle
wir sind nicht verloren

wie ist die Lage?   die Lage ist gut
wir beißen jetzt zu
wir machen sie fertig
wir knacken sie schon
wir werden sie rupfen
wir ziehen sie ab
wir putzen sie jetzt
wir hauen sie in die Pfanne
wir verzehren sie heute im Nebel

waldmann und die gräfin, eine dunkle dame

gut, sagt waldmann, alles bleibt beim alten.
und man sieht ihn eine dame falten.

waldmann, erstens, reißt den mantel auf.
diese dame nimmt es gern in kauf.

zweitens wird die bluse aufgerissen.
seufzend sinkt die dame in die kissen.

als im winde die gardinen wehn,
kann man am balkon den fremden sehn.

seine hand gekrallt um das geländer.
waldmann ruft ihm zu: was willst du, fremder?

aus der dunkelheit heraus ein bein,
lang, und in die dunkelheit hinein.

aus der dunkelheit ein arm, ein kleid,
und verschwunden in der dunkelheit.

auf den teppich schwebt hinab ein strumpf
und ein zweiter strumpf. der graf schläft dumpf.

jemand lacht verstopft an dieser stelle.
man erkennt den fremden auf der schwelle.

lachend sieht man ihn die arme schränken.
waldmann sagt: das konnte ich mir denken.

krähen krähen und beim ruf der unken
ist die dunkle dame umgesunken.

als die gräfin auf den boden sank.
trat der fremde knarrend aus dem schrank.

draußen ist der mond heraufgeschwollen.
waldmann sagt: jetzt weiß ich, was sie wollen.

an der glastür, in der pelerine,
schwarz der fremde, flatternd die gardine.

die gardine klatscht, die glastür schlägt.
auf das dach, hinunter, abgeschrägt,

fällt der fremde und hans waldmann lacht;
denn er hört den knall im straßenschacht.

und die gräfin lacht verführerisch.
waldmann wirft sie krachend auf den tisch.

auf dem tisch, ganz frisch zerdrückt vom glück,
liegt sie, waldmann tritt ein stück zurück.

waldmann sagt: jetzt geht es schlag auf schlag,
vor dem tisch, auf dem die gräfin lag.

später, als hans waldmann wieder lacht,
schreit die gräfin auf mit aller macht.

und obwohl die gräfin weiterschreit,
schläft der graf sehr tief in dieser zeit.

ja, die gräfin schreit aus lauter freude.
waldmann sagt: damit genug für heute.

bravo, ruft sie. waldmann ist schon weit,
und entzog sich so der dankbarkeit.

gesang

nun hat waldmann zeit für andre dinge.
waldmann singt etwas und sagt: ich singe.

beim gewitter hört man keinen ton.
von was singt er denn? fragt der baron.

der direktor hält die hand ans ohr.
dieses singen kommt ihm seltsam vor.

und der graf fährt aus dem schlaf und spricht:
dieses singen, das gefällt mir nicht.

dieses singen ist ja unerhört,
sagt der scheich, den dieses singen stört.

und die gräfin sagt: sie haben recht,
dieses singen ist ja wirklich schlecht.

der baronin ist es einerlei,
und sie sagt: es ist wohl bald vorbei.

waldmann singt. dann ist sein singen aus.
nur der fremde spart nicht mit applaus.

gut gemacht, ruft er aus seinem schrank.
aber waldmann wollte keinen dank.

waldmann sagt: hier sieht man mich nicht wieder.
und er singt woanders seine lieder.

mein famili

mein schwester strickt am grünen strumpf
so heiß und groß so dick und weich
so seltsam übers knie gebeugt
mein schwester mit dem roten rumpf

mein oma liebe oma so
so faltig pergament so dünn
so vogel hals so fistel stimm
so mürrisch mittags abends froh

mein famili im zimmer lung
wo um den schwarzen tisch und rund
mit topf und fisch und zwiebelbrüh
mit hand mit mund mit großem hung

mein vater mit der nickelbrill
mein mutter auf dem küchenstuhl
mein starker bruder mit dem bart
mein kleine schwester blaß und still

mein famili mein ganze fam
ili mein ganze zwei drei und
mein vier und fünf und zwei und ein
mein famili wie wundersam

wie wundersam wie wir am tisch
am runden tisch von rundem holz
wie faust und gabel hier und hier
faust gabel hier mund da und fisch

mund da und fisch und fisch und kloß
am runden tisch der vater spricht
und ißt den kloß und ißt den fisch
vom tisch und spricht und zwiebelsoß

und zwiebelsoß rinnt ab vom mund
wischt ab ach wischt und wischt und spricht
die schwester hörts an ihrem strumpf
die mutter hörts der bruder und

großvater dort auf dem abort
der hund der hund bunt hinterm schirm
die laus in seinem pelz und ich
ich hörs ich hab im ohr die wort

wie altes brot die wort wie brot
wie schwarzes brot die mutter nimmts
vom küchenbord und lächelt wild
denn trocken brot macht wangen rot

wie glotzt aus seinem leib das brot
wie rollt es rollt es durch die tür
die base sitzt vor dem klavier
und spielt ohn brot ist große not

die schürz der mutter weht herum
die uhr platzt an der wand und da
grinst unterm bottich grinst die schab
der vater spricht seht euch nicht um

PAUL WÜHR

Ich habe den Fehler nicht
machen müssen weil

der sagt
ich bin der Fehler
der ich bin

lasset uns den Fehler machen
ein Bild
das uns gleich sei

Zwar hätte ich gern die Reise nach Innen
und umgekehrt Herr Friedrich Novalis also
von hier aus

habe ich sie unterlassen ganz drinnen bin
umgekehrt stecken geblieben als draußen
als ich

wo die Tage zusammengezählt werden und obwohl
unter dem Strich der Fehler bringt mich
ins Unreine

und das Märchen ist an seiner Bombe
aufgeflogen in den Himmel und sitzet
zur Rechten

Nämlich
von Zeit zur Brust
lieg ich an der Natur
und von See zu See
seh' ich die Landschaft gern
bin ich verschwommen

Lüge ich wenn ich
sage ich habe
mit ihr nicht
geschlafen

oder hätte ich
gelogen
wenn ich nicht
mit ihr
geschlafen hätte

oder log ich
als ich mit ihr
schlief

Das rechte Herz

Tut das tun
tut das rechte Herz hintun
wo hintun
wo man ein rechtes Herz hintun tut
tut heben steil innerhalb aufwärts das Herz zu
bis zur Idee
tut schön grüßen
Rätsel nach Lösung Kopf ab
Lösung vor Rätsel Kopf auf
immer ganz plötzlich tut dasein so wie gerufen
wie abwesend hinter bis Ausgang
mit Straßen nach Katzen
und große Sprünge auf Mäuse
tut restaurieren
tut süß sein
im Honig tut leise machen die Tür zu
tut betten euch warm an das Herz
heute nacht bis Haut flüssig
von Anfang bis vorher schon Brei
tut momentan nichts sein
bis Ur
aber fraglos im Vakuum flink sein
schnell handlich auf Blut hin
vom Schlimmsten eines dafür sein
tut immer dafür sein
tut Schmutz weg Dreck ist gleich
sauber und rein weg ihr alle
tut alle plötzlich ganz weg sein
ganz läufig bei Sinn und bei Satz
tut transzendent sein
wenn unzählig Nichts bis ganz voll
ganz voll sein dann tut
dann tut lyrisch besetzt sein
tut sagen
the royal heart
tut reden ganz dick und sofort Druck ganz fest

und so blutiger rund
tut das machen
was stark macht
damit das Herz schlagen tut
tut drinnen oftmals bis Schrei stumm sonnig sein
recht so
tut recht so
tut beugen die Knie
der Knie
den Knien
die Knie
tut beugen
die Steigerung
der Leistung
dem Rechten
der Erfolg
tut beten
Granatapfelherz
o du
tut o du sagen
tut riechen und schmecken
wie das etwas säuerlichen Geschmack und Geruch
haben tut
tut nochmals o du sagen
tut sagen
du bist
klassisch
wirklich
national
tödlich
pünktlich
bist wertig von oben bewölkt
bist auf uns
tut deutlich sagen
auf uns
tut das stolz sagen
du bist auf uns unten scharf
absolut

o du rechtes Herz
tut das rechte Herz jetzt herumtragen
von Aber nach Nein bis Nie und wenn
dann leer bis Schluß aber Aussichten
immer bis gestern
auf Wetter
schön und gut
tut das rechte Herz wieder hintun
wo hintun
wo man ein rechtes Herz hintun tut

Keinen Schädel schlag ich
dir doch noch ein und
halt mich vor niemand zurück
oder ich schäum' dir das Bier
bis kurz vors Gesicht weil
wer hat mich so verlassen
ganz und Gott mit dir
du Land der Bayern

Wann treffen sich ihre zwei Schenkel
auf der Frühlingswiese Grüß Gott
liegt Mörike zu euren Füßen dem
seine Flügel wachsen als ich mich
an seinem Gedicht vergehe da kommt
mein Vogel geflogen des Windes
wohin ach sagen sie Alleinzige wo
haben ihre Schenkel ihr Haus

UM UNS ATMET und wallt freudig
und jedem hold um uns jedem
trauernd

wallt freudig gerne wo Lebendes
uns atmet habe ich meinen
Dienst aufgesagt

sind denn mir nicht verwandt
alle Lebendigen weiter fort
aus dem Tod

rede ich mich und fürchte mich
sehr nämlich in schweigender
Wassertiefe

der leichte Schwimmer wandelt
wohin die Woge den Blöden
treulich

schmeichelnd hinuntergezogen
wirklich ist das wahrlich
einmal

schon ertrunken worden seitdem
diese Rede ihren Frieden
gebrochen hat

wie es die Weise zu sein hat als
jedem sein Gott verschwiegen
wird oder

ist mein Mund in der Luft hat er
die Linien in die Freude und
bin ich

grüner geworden bis zum Hals
hinauf als ich blöder wurde
in meinem schlimmen Gedächtnis

so abhanden gekommen ist mir mein
ganzes Gesicht als es geschlossen
die Augen

den Mund aufmacht zu dir war es
nie zerrissener im Gedenken an
dein Gesicht

zum Reden gekommen wer weiß was
die Zunge in meinem Kopf noch
sagen wird oben

jedem hold jedem trauernd wo sich
vieles gesellt freudig und jedem
offen

sind denn dir nicht verwandt alle
weinen wo der Bruder uns verließ
denke ich manches

wohl an warnender Stelle und wenn
ich rede wie schweigt seine Stimme
in blauender Halle

vor einer langen Gerechtigkeit

DER SCHÖNE MAI ist wieder da
es war dieses somit ein herrlicher
Sonnenaufgang

wie sich zum Schlafen legen
heute alle denkenden Wesen
haben diese Epoche

mitgefeiert mit großen Augen
der schöne Mai der liebliche
ich bin noch dort

in dieser Zeit eine erhabene
Rührung hat geherrscht in jener
Zeit mein Bruder

schläft schon als es einmal
gewesen ist ein Enthusiasmus
des Geistes

hat die Welt durchschauert
die Nächte sehr gemessen
schreien

an der Not in dieser Zeit
der schöne Mai ist wieder da
wie sich

zum Schlafen legen

Streicher

Aussegnung viele stille Kinder
werden von Frauen gehen gelassen
auch stehen

auch Schüsseln durch die Leute
raucht das Schlachtfest wenige
werden behindert

Bekleidete gibt es einige
zwischen Tieren die ihr Leben
behalten haben

vieles ist bald soweit

es dauert noch eine Weile
wie sie auch im Leben
vorkommt

es wird im Anschluß daran
Musik gehört

nur Streicher

nur einer wird ihr Mund
bewegt

Wacht

Es braust beim Loch
aus Niederwald

ein Ruf wie Donnerhall
die Königin

aus Rosenhauch wird sie
im Schwertgeklirr

der Deutsche in der
Bronzefrau

die auf dem Wachtturm
will

des Lagers Wächter
sein

Sacht

Wo du sanft armst

dir im Weg gehst

weiter

wohin sie näher wird

du

der weinst

wird kommen

die so

sacht

UNICA ZÜRN

Ich weiss nicht, wie man die Liebe macht

Wie ich weiss, ›macht‹ man die Liebe nicht.
Sie weint bei einem Wachslicht im Dach.
Ach, sie waechst im Lichten, im Winde bei
Nacht. Sie wacht im weichen Bilde, im Eis
des Niemals, im Bitten: wache, wie ich. Ich
weiss, wie ich macht man die Liebe nicht.

Quellen- und Rechtenachweis

Um dem Leser den Zugang zum Umkreis der in die vorliegende Sammlung aufgenommenen Gedichte zu erleichtern, haben wir die Texte nicht nach dem Erstdruck in Zeitschriften oder in einzelnen Gedichtbüchern der Autoren aufgeführt, die inzwischen ja zeitlich oder örtlich sehr entlegen wären, sondern nach leichter zugänglichen Gesamtausgaben oder Auswahlbänden des Werks der Autoren. Da hierdurch in einigen Fällen undeutlich wird, zu welchem Zeitpunkt ein Gedicht entstanden ist, haben wir in *den* Fällen, in denen der Zeitpunkt der Entstehung weit vom Zeitpunkt des Druckes in einer Sammelausgabe entfernt liegt oder für den Leser überhaupt nicht feststellbar ist, den bibliographischen Angaben den Entstehungszeitpunkt – soweit er bekannt ist – beigefügt.

FRIEDRICH ACHTLEITNER (*1930)

(1) a wuaschd
(2) oa moe
(3) middn im woed
(4) um middanochd
(5) ausn bödd aussa
(6) in oaschdoa
(7) bfiaddö fraonz

F. A.: prosa, konstellationen, montagen, dialektgedichte, studien. Reinbek bei Hamburg: Rowohlt, 1970. (1) S. 59. – Mit Genehmigung von Friedrich Achleitner, Wien.
F. A.: K A A A S . Dialektgedichte. Salzburg/Wien: Residenz, 1991. (2) S. 7. (3) S. 9. (4) S. 10. (5) S. 15. (6) S. 26. (7) S. 22. – © 1991 Residenz Verlag, Salzburg und Wien.
Alle Gedichte entstanden in den fünfziger Jahren.

HERBERT ACHTERNBUSCH (*1938)

(1) In der Dämmerung
(2) Nichts tun
(3) Im Innern sind die Steine eins
(4) Wandert das Gelb
(5) Ich bin ein Olm von Laibach

Herbert Achternbusch, der Maler. [Ausstellungskatalog.] Maler.
Hrsg. von Marina Schneede und Matthias Klein. München: Wolf,
1988. (1) S. 161–176. – Mit Genehmigung von Herbert Achtern-
busch, München.
H. A.: Happy oder Der Tag wird kommen. Frankfurt a. M.: Suhr-
kamp, 1975. (2, 3) S. 93. (4) S. 94. (5) S. 95. – © 1975 Suhrkamp
Verlag, Frankfurt a. M.
Alle Gedichte entstanden 1962.

URS ALLEMANN (*1948)

(1) Lebenslauf
(2) Auf dem Wittgenstein

U. A.: Fuzzhase. Gedichte. Zürich: Ammann, 1988. (1) S. 9. (2)
S. 76. – © 1988 Ammann Verlag & Co., Zürich.

H.C.ARTMANN (*1921)

(1) wie ein großer (1954)
(2) dover (1954)
(3) flaschenpost (1954/55)
(4) hirschgehege & leuchtturm (1962)
(5) ich muß ein lob des trommelns dichten ein lob dieser
     kunst (1962)
(6) landschaft 8 (1966)
(7) all lust ist mir verstorben (1954)
(8) o tod du dunkler meister (1954)
(9) o mein rosenfarber mund (1954)
(10) epigrammata (1954–57)
(11) persische quatrainen (1959)
(12) eine maus, eine maus (1966/67)
(13) ein django der muß haben (1966/67)
(14) ein männlein steht am schalter (1966/67)
(15) mescalin und morphium (1966/67)
(16) batman und robin (1966/67)
(17) auf dem berge ararat (1966/67)
(18) im parke, wo die unhold weilen (1966/67)
(19) Aus meiner Botanisiertrommel (1975)

H. C. A.: Das poetische Werk. Unter Mitwirkung des Autors hrsg.
von Klaus Reichert. Berlin/München/Salzburg: Renner, 1994. (1)
Bd. 1. S. 47. (2) Bd. 1. S. 46. (3) Bd. 4. S. 30. (4) Bd. 5. S. 20 f. (5)
Bd. 5. S. 57 f. (6) Bd. 5. S. 82. (7) Bd. 6, S. 11. (8) Bd. 6. S. 12. (9)

Bd. 6. S. 13. (10) Bd. 6. S. 31. (11) Bd. 6. S. 98–101. (12) Bd. 7.
S. 18. (13) Bd. 7. S. 19. (14) Bd. 7. S. 22. (15) Bd. 7. S. 23. (16)
Bd. 7. S. 38. (17) Bd. 7. S. 39. (18) Bd. 7, S. 40. (19) Bd. 8. S. 14. –
© 1994 Verlag Klaus G. Renner, München.

INGEBORG BACHMANN (1926–1973)

Böhmen liegt am Meer (1964)

I. B.: Werke. Hrsg. von Christine Koschel, Inge von Weidenbaum
und Clemens Münster. München/Zürich: Piper, 1978. Bd. 1.
S. 167 f. – © 1978 R. Piper & Co. Verlag, München.

WOLFGANG BAUER (*1941)

(1) Das stille Schilf (60er Jahre)
(2) Die Bar (70er Jahre)
(3) Österreich (60er Jahre)
(4) New York (70er Jahre)
(5) Krüppel Sprache (70er Jahre)
(6) erste liebe (70er Jahre)
(7) Er ging die Straße entlang (70er Jahre)

W. B.: Werke. Bd. 5: Gedichte. Hrsg. von Gerhard Melzer. Graz:
Droschl, 1992. (1) S. 12. (2) S. 30. (3) S. 42. (4) S. 52. (5) S. 71–74.
(6) S. 147. (7) S. 155. – © 1992 Literaturverlag Droschl, Graz.

KONRAD BAYER (1932–1964)

(1) balsader binsam
(2) der neunertz specken klaster
(3) marie dein liebster wartet schon
(4) plötzlich ging die sonne aus
(5) glaubst i bin bleed, das i waas, wos i wüü

K. B.: Das Gesamtwerk. Hrsg. von Gerhard Rühm. Revidierte
Neuausgabe. Reinbek bei Hamburg: Rowohlt, 1971. (1) S. 24 f.
(2) S. 25. (3) S. 37. (4) S. 42 f. (5) S. 43. – Die Gedichte entstanden
in den fünfziger Jahren. – Mit Genehmigung des Österreichischen
Bundesverlags, Wien.

GOTTFRIED BENN (1886–1956)

(1) Orpheus' Tod (1946)
(2) Stilleben (1950)
(3) Bar (1953)

230

(4) Was schlimm ist (1953)
(5) Teils – teils (1954)
(6) HÖR ZU: (1954/55)
(7) Kann keine Trauer sein (1956)

G. B.: Gedichte. In der Fassung der Erstdrucke. Hrsg. von Bruno Hillebrand. Frankfurt a. M.: S. Fischer, 1982. (1) S. 343 f. (2) S. 387. (3) S. 432. (4) S. 440. (5) S. 443 f. (6) S. 442. (7) S. 476. – (1) Mit Genehmigung der Verlags-AG Die Arche, Zürich. (2–5) Mit Genehmigung des Verlags Klett-Cotta, Stuttgart.

JOHANNES BOBROWSKI (1917–1965)

(1) Pruzzische Elegie (1952)
(2) Lettische Lieder (1956)
(3) Die Memel (1959)
(4) Schattenland (1962)

J. B.: Gesammelte Werke. Hrsg. von Eberhard Haufe. Bd. 1: Gedichte. Stuttgart: Deutsche Verlags-Anstalt, 1987. (1) S. 33–35. (2) S. 57. (3) S. 67 f. (4) S. 160. – © 1987 Deutsche Verlags-Anstalt GmbH, Stuttgart.

BERTOLT BRECHT (1898–1956)

(1) Liebeslieder I (1953)
(2) Ach, wie sollen wir die kleine Rose buchen? (um 1954)
(3) Die Geheimnisse des Liebeslebens (1953)
(4) Die Lösung (1953)
(5) Die Musen (1953)

B. B.: Gedichte über die Liebe. Ausgew. von Werner Hecht. Frankfurt a. M.: Suhrkamp, 1994. (1) S. 146. (2) S. 150. (3) S. 187. – © 1994 Suhrkamp Verlag, Frankfurt a. M.
B. B.: Theaterarbeit 1947–1956. Frankfurt a. M.: Suhrkamp, 1994. (4) S. 103. (5) S. 103 f. – © 1994 Suhrkamp Verlag, Frankfurt a. M.

ROLF DIETER BRINKMANN (1940–1975)

(1) Einen jener klassischen
(2) Kleiner Nordwind

R. D. B.: Westwärts 1 & 2. Reinbek bei Hamburg: Rowohlt, 1975. (1) S. 25. (2) S. 95 f. – © 1975 Rowohlt Taschenbuch Verlag GmbH, Reinbek bei Hamburg.

PAUL CELAN (1920–1970)

(1) Todesfuge (wahrscheinlich 1945)
(2) EIN Knirschen von eisernen Schuhn (wahrscheinlich 1946)
(3) Schibboleth (vor 1955)
(4) Tenebrae (1958)
(5) Engführung (vor 1959)
(6) Tübingen, Jänner (1962)
(7) Eine Gauner- und Gannovenweise (vor 1963)

P. C.: Mohn und Gedächtnis. Stuttgart: Deutsche Verlags-Anstalt, 1952. (1) S. 35–39. (2) S. 20. – © 1952 Deutsche Verlags-Anstalt GmbH, Stuttgart.
P. C.: Von Schwelle zu Schwelle. Gedichte. Stuttgart: Deutsche Verlags-Anstalt, 1955. (3) S. 55f. © 1955 Deutsche Verlags-Anstalt GmbH, Stuttgart.
P. C.: Sprachgitter. Frankfurt a. M.: S. Fischer, 1959. (4) S. 23f. (5) S. 55–64. – © 1959 S. Fischer Verlag GmbH, Frankfurt a. M.
P. C.: Die Niemandsrose. Frankfurt a. M.: S. Fischer, 1963. (6) S. 24. (7) S. 27f. – © S. Fischer Verlag GmbH, Frankfurt a. M.

FRANZ JOSEF CZERNIN (*1952)

(1) der äste Auch
(2) tigerpapier

F. J. C.: die kunst des sonetts. Linz: Droschl, 1985. (1) S. 3. – © 1985 Literaturverlag Droschl, Graz.
F. J. C.: gedichte. (Aus: die kunst des dichtens.) Graz: Droschl, 1992. (2). S. 142. – © 1992 Literaturverlag Droschl, Graz.

WOLFGANG DIETRICH (*1957)

(1) Treiben
(2) Eremit, von Crivelli

W. D.: Vergelts Gott. Gedichte. Mit Zeichnungen von Stephan Fiedler. Berlin: Galrev, 1994. (1) S. 21. (2) S. 45. – © 1994 Galrev Druck- und Verlagsgesellschaft Hesse & Partner OHG, Berlin.

KURT DRAWERT (*1956)

Gedicht, als Brief angekommen, 15. 7. 1981

K. D.: Fraktur. Lyrik, Prosa, Essay. Leipzig: Reclam, 1994. S. 10. – Mit Genehmigung von Kurt Drawert, Osterholz-Scharmbeck.

GÜNTER EICH (1907–1972)

(1) Inventur (1945)
(2) Ende eines Sommers
(3) Weg zum Bahnhof
(4) 17 Formeln (1964)
(5) Zuversicht (1966)

G. E.: Gedichte. Ausgew. von Ilse Aichinger. Frankfurt a. M.:
Suhrkamp, 1973. (1) S. 11. (4) S. 71–73. (5) S. 114. – © 1973
Suhrkamp Verlag, Frankfurt a. M.
G. E.: Botschaften des Regens. Gedichte. Frankfurt a. M.: Suhr-
kamp, 1955. (2) S. 7. (3) S. 29. – © 1955 Suhrkamp Verlag, Frank-
furt a. M.

ADOLF ENDLER (*1930)

(1) Abschied von einer Stadt: Wittenberge (1962)
(2) Ballade vom Zionskirchplatz (1968)
(3) Das Lied vom Fleiß (1972)
(4) Ballade / Aus den Heften des irren Fürsten (1978)

A. E.: Akte Endler. Gedichte aus 25 Jahren. Ausw. und Nachw.
von Peter Gosse. Leipzig: Reclam, 1981. (1) S. 27. (2) S. 116. (3)
S. 69–71. (4) S. 72 f. – Mit Genehmigung von Adolf Endler, Ber-
lin.

HANS MAGNUS ENZENSBERGER (*1929)

(1) Einführung in die Handelskorrespondenz
(2) Abendmahl. Venezianisch, 16. Jahrhundert

H. M. E.: Gedichte 1955–1970. Frankfurt a. M.: Suhrkamp, 1971.
(1) S. 138. – Entstanden 2. Hälfte der sechziger Jahre. – © 1971
Suhrkamp Verlag, Frankfurt a. M.
H. M. E.: Gedichte 1950–1985. Frankfurt a. M.: Suhrkamp, 1986.
(2) S. 109–111. – © 1986 Suhrkamp Verlag, Frankfurt a. M.

ELKE ERB (*1938)

(1) Es saß ein klein
(2) Schlamm

E. E.: Trost. Gedichte und Prosa. Ausgew. von Sarah Kirsch. Stutt-
gart: Deutsche Verlags-Anstalt, 1982. (1) S. 26. (2) S. 30. – © 1982
Deutsche Verlags-Anstalt GmbH, Stuttgart.

ROBERT GERNHARDT (*1937)

(1) Schwanengesang
(2) Materialien zu einer Kritik der bekanntesten Gedichtform italienischen Ursprungs
(3) Psalm
(4) Spätsommertag (15. 9. 79)
(5) Herbstlicher Baum in der Neuhaußstraße
(6) Nachdem er durch Metzingen gegangen war
(7) Schamerfüllter Dichter

R. G.: Wörtersee. Frankfurt a. M.: Zweitausendeins, 1981. (1) S. 11. (2) S. 164. (3) S. 165. (4) S. 217. – Mit Genehmigung von Robert Gernhardt, Frankfurt a. M.
R. G.: Körper in Cafés. Gedichte. Zürich: Haffmans, 1987. (5) S. 46. (6) S. 131. – © 1987 Haffmans Verlag AG, Zürich.
R. G.: Weiche Ziele. Gedichte 1984–1994. Zürich: Haffmans, 1994. (7) S. 110. – © 1994 Haffmans Verlag AG, Zürich.

EUGEN GOMRINGER (*1925)

(1) ping pong
(2) schweigen
(3) das schwarze geheimnis
(4) fliegt
(5) sich zusammenschliessen
(6) vom rand
(7) du blau

E. G.: worte sind schatten. die konstellationen 1951–1968. Hrsg. und eingel. von Helmut Heissenbüttel. Reinbek bei Hamburg: Rowohlt, 1969. (1) S. 25. (2) S. 26. (3) S. 29. (4) S. 53. (5) S. 59. (6) S. 61. (7) S. 79. – Die Gedichte entstanden in den frühen fünfziger Jahren. – Mit Genehmigung von Eugen Gomringer, Rehau-Wurlitz.

GÜNTER GRASS (*1927)

(1) Polnische Fahne
(2) Am Atlantikwall
(3) Askese
(4) Glück

G. G.: Studienausgabe. Bd. 11: Gedichte und Kurzprosa. Göttingen: Steidl, 1994. (1) S. 34. (2) S. 304. (3) S. 99. (4) S. 125. – Die

234

Gedichte entstanden in den fünfziger Jahren. – © 1994 Steidl Verlag, Göttingen.

LUDWIG GREVE (1924–1991)

(1) Pfingstrosen
(2) September
(3) Schneesturm
(4) Schnee
(5) Mein Vater

L. G.: Gedichte. München: Hanser, 1961. (1) S. 37. – Mit Genehmigung von Katja Greve, Stuttgart.
L. G.: Sie lacht und andere Gedichte. Frankfurt a. M.: S. Fischer, 1991. (2) S. 38f. (3) S. 35. (4) S. 29. (5) S. 7. – Die Gedichte entstanden vor 1971. – © 1991 S. Fischer Verlag, Frankfurt a. M.

WALTER GRÖNER (*1950)

Unterm Perron

W. G.: Fabrikler, Leser und Poet. Bühl-Moos: Elster, 1985, S. 55. – © 1985 Elster Verlag, Baden-Baden.

DURS GRÜNBEIN (*1962)

(1) Homo sapiens correctus
(2) Nicht gut erging es

D. G.: Falten und Fallen. Gedichte. Frankfurt a. M.: Suhrkamp, 1994. (1) S. 75f. – © 1994 Suhrkamp Verlag, Frankfurt a. M.
D. G.: Den Teuren Toten. Frankfurt a. M.: Suhrkamp, 1994. (2) S. 41. – © 1994 Suhrkamp Verlag, Frankfurt a. M.

HELMUT HEISSENBÜTTEL (*1921)

(1) einfache Sätze (1953)
(2) Topographie e (1954)
(3) Einfachegrammatische Meditation c (konjunktivisch) (1955)
(4) Gedicht über die Übung zu sterben (1961/62)
(5) Hegel in Bonn
(6) Erinnerungen an das Jahr 1955

H. H.: Textbücher 1–6. Stuttgart: Klett-Cotta, 1980. (1) S. 6. (2) S. 19. (3) S. 32. (4) S. 122–126. – © 1980 Verlag Klett-Cotta, Stuttgart.

235

H. H.: Ödipuskomplex made in Germany. Gelegenheitsgedichte Totentage Landschaften 1965–1980. Stuttgart: Klett-Cotta, 1981. (5) S. 16 f. (6) S. 19. – © 1981 Verlag Klett-Cotta, Stuttgart.

GÜNTER HERBURGER (*1932)

Sieg

G. H.: Operette. Gedichte. Darmstadt/Neuwied: Luchterhand, 1973. S. 9 f. – © 1973 Hermann Luchterhand Verlag GmbH & Co. KG, Darmstadt und Neuwied.

WOLFGANG HILBIG (*1941)

novalis (1970)

W. H.: abwesenheit. gedichte. Frankfurt a. M.: S. Fischer, 1979. S. 33. – © 1979 S. Fischer Verlag GmbH, Frankfurt a. M.

WALTER HÖLLERER (*1922)

Der lag besonders mühelos am Rand (1951)

W. H.: Gedichte 1942–1982. Frankfurt a. M.: Suhrkamp, 1982. S. 23. – © 1982 Suhrkamp Verlag, Frankfurt a. M.

PETER HUCHEL (1903–1981)

Chausseen (vor 1963)

P. H.: Ausgewählte Gedichte. Ausw. und Nachw. von Peter Wapnewski. Frankfurt a. M.: S. Fischer, 1973. S. 74. – © 1973 S. Fischer Verlag GmbH, Frankfurt a. M.

ERNST JANDL (*1925)

(1) oberflächenübersetzung (ca. 1963)
(2) schtzngrmm (1957)
(3) wien : heldenplatz (1962)
(4) zweierlei handzeichen (1958)
(5) ernst jandls weihnachtslied (1959)
(6) du warst zu mir ein gutes mädchen (ca. 1957)
(7) doppelchor (1956)
(8) eulen (1958)
(9) das fanatische orchester (1974)
(10) der wahre vogel (1980)

(11) die morgenfeier, 8. sept. 1977
(12) glauben und gestehen (1978)
(13) klebend (1979)

E. J.: mai hart lieb zapfen eibe hold. Hrsg. von Bob Cobbing. (writers forum poets 11.) London: [o. V.], 1965. [Unpag.] (1)

E. J.: Laut und Luise. Olten/Freiburg i. Br.: Walter, 1966. (3) S. 44. (2) S. 45. (4) S. 172. (5) S. 140. (6) S. 61. (7) S. 56. (8) S. 139.

E. J.: die bearbeitung der mütze. Darmstadt/Neuwied: Luchterhand, 1978. (9) S. 71.

E. J.: selbstporträt des schachspielers als trinkende uhr. Gedichte. Darmstadt/Neuwied: Luchterhand, 1983. (10) S. 14.

E. J.: der gelbe hund. gedichte. Darmstadt/Neuwied: Luchterhand, 1980. (12) S. 104. (13) S. 208.

Copyright © by Hermann Luchterhand Verlag GmbH & Co. KG, Darmstadt und Neuwied.

SARAH KIRSCH (*1936)

(1) Bäume
(2) Weltrand

S. K.: Katzenleben. Gedichte. Stuttgart: Deutsche Verlags-Anstalt, 1984. (1) S. 85. (2) S. 86. – © 1984 Deutsche Verlags-Anstalt GmbH, Stuttgart.

WULF KIRSTEN (*1934)

gemaltes licht

W. K.: Stimmenschotter. Gedichte 1987–1992. Zürich: Ammann, 1993. S. 91. – © 1993 Ammann Verlag & Co., Zürich.

THOMAS KLING (*1957)

die zerstörtn. ein gesang

T. K.: brennstabm. Gedichte. Frankfurt a. M.: Suhrkamp, 1991. S. 11–13. – © 1991 Suhrkamp Verlag, Frankfurt a. M.

BARBARA KÖHLER (* 1959)

Rondeau Allemagne

B. K.: Deutsches Roulette. Gedichte. Frankfurt a. M.: Suhrkamp, 1991. S. 63. – © 1991 Suhrkamp Verlag, Frankfurt a. M.

UWE KOLBE (*1957)

(1) Auf ein paar alte Bekannte (1979)
(2) Arkadien

U. K.: Vaterlandkanal. Ein Fahrtenbuch. Frankfurt a. M.: Suhr-
kamp, 1990. (1) S. 50. – © 1990 Suhrkamp Verlag, Frankfurt
a. M.
U. K.: Nicht wirklich platonisch. Gedichte. Frankfurt a. M.: Suhr-
kamp, 1994. (2) S. 35. – © 1994 Suhrkamp Verlag, Frankfurt a. M.

WERNER KRAFT (1896–1992)

(1) Auf
(2) Blick vom Balken

W. K.: Diese Welt. Späte Gedichte 1976–1983. Bonn: Heusch,
1984. (1) S. 14. (2) S. 83. – Mit Genehmigung des Werner Kraft-
Archivs, Köln.

URSULA KRECHEL (*1947)

Nach Mainz!

U. K.: Nach Mainz! Gedichte. Darmstadt/Neuwied: Luchterhand,
1977. S. 27 f. – © 1977 Hermann Luchterhand Verlag GmbH & Co.
KG, Darmstadt und Neuwied.

KARL KROLOW (*1915)

(1) Verlassene Küste (1948)
(2) Liebesgedicht (vor 1955)
(3) Frühjahr

K. K.: Gesammelte Gedichte 1. Frankfurt a. M.: Suhrkamp, 1965.
(1) Bd. 1. S. 26 f. (3) Bd. 2. S. 9. – © 1965 Suhrkamp Verlag,
Frankfurt a. M.
Deutsche Lyrik der Gegenwart. Eine Anthologie. Hrsg. und ein-
gel. von Willi Fehse. Stuttgart: Reclam, [7]1980. (2) S. 141. – Mit
Genehmigung des Suhrkamp Verlags, Frankfurt a. M.

CHRISTINE LAVANT (1915–1973)

(1) Unter eintönigem Himmel
(2) Kreuzzertretung! (Um 1955)
(3) Ach, schreien, schreien! – Eine Füchsin sein

238

C. L.: Kunst wie meine ist nur verstümmeltes Leben. Salzburg: O. Müller, 1978. (1) S. 66. – © 1978 Otto Müller Verlag, Salzburg.
C. L.: Die Bettlerschale. Salzburg: O. Müller, ⁶1991. (2) S. 72. (3) S. 95. – © 1991 Otto Müller Verlag, Salzburg.

RICHARD LEISING (*1934)

Berlin Mulackstrasse (1962)

Gregor Laschen (Hrsg.): Lyrik aus der DDR. Zürich/Köln: Benziger, 1973. S. 98 f.

FRIEDERIKE MAYRÖCKER (*1924)

(1) wie ich dich nenne / wenn ich an dich denke / und du nicht da bist:
(2) Die marmorne die steinkühle die vorfrühlingsgraue Zauberei
(3) die 43 monde eines kinderkalenders
(4) »Lautréamont« oder: der schreckliche Frühling
(5) wie kommunizierende Gefäße sagst du
(6) hab oft hineinlaboriert in mein Taumel-, Tausenderleben
(7) »die Scherben eines gläsernen Frauenzimmers« (Carl Einstein)

F. M.: Ausgewählte Gedichte 1944–1978. Frankfurt a. M.: Suhrkamp, 1979. (1) S. 19 f. (2) S. 51. – © 1979 Suhrkamp Verlag, Frankfurt a. M.
F. M.: Magische Blätter II. Frankfurt a. M.: Suhrkamp, 1987. (3) S. 170 f. (4) S. 224–226. – © 1987 Suhrkamp Verlag, Frankfurt a. M.
F. M.: Das besessene Alter. Gedichte 1986–1991. Frankfurt a. M.: Suhrkamp, 1992. (5) S. 12 f. (6) S. 11. (7) S. 103. – © 1992 Suhrkamp Verlag, Frankfurt a. M.

CHRISTOPH MECKEL (*1935)

Ballade vom Lauf der Welt

C. M.: Wildnisse. Gedichte. Frankfurt a. M.: S. Fischer, 1962. S. 28. – © 1962 S. Fischer Verlag GmbH, Frankfurt a. M.

ERNST MEISTER (1911–1979)

Die Meister aber sagen

E. M.: Flut und Stein. Aachen: Rimbaud, 1988. S. 8. – © Rimbaud Verlagsgesellschaft mbH, Aachen.

KARL MICKEL (*1935)

(1) Odysseus in Ithaka (1965)
(2) Die Elbe (1973)

K. M.: Vita nova mea. Reinbek bei Hamburg: Rowohlt, 1967. (1)
S. 51 f. – Mit Genehmigung des Aufbau Verlags, Berlin.
K. M.: Schriften I. Halle/Leipzig: Mitteldeutscher Verlag, 1990. (2)
S. 144 f. – © 1990 mdv Mitteldeutscher Verlag GmbH, Halle und
Leipzig.

FRANZ MON (*1926)

(1) crna gora
(2) aber
(3) bewehrt
(4) brücke unter den lachern
(5) verzögerte biographie
(6) entwicklung einer frage
(7) in der haimat gibbts

F. M.: artikulationen. Pfullingen: Neske, 1959. (1) S. 11. (2) S. 12.
(3) S. 13. (4) S. 18. (5) S. 23 f. – Die Gedichte entstanden zwi-
schen 1955 und 1959. – Mit Genehmigung von Franz Mon,
Frankfurt a. M.
F. M.: sehgänge. Berlin: Fietkau, 1964. (6) S. 11. (7) S. 12. –
© 1964 Wolfgang Fietkau Verlag, Berlin.

HEINER MÜLLER (*1930)

Wiedersehn mit der bösen Cousine (um 1987)

H. M.: Gedichte. Berlin: Alexander, 1992. S. 89. – © 1992 Alex-
ander Verlag, Berlin.

BERT PAPENFUSS-GOREK (*1956)

(1) gesicht im pflaumenschein (1984)
(2) reißaus (1986)
(3) neue zeitung von alter kunde will ich euch bringen
(4) latte continua permanente
(5) aufschaum im überschwang
(6) Beim Jäten

B. P.-G.: dreizehntanz. Gedichte. Frankfurt a. M.: Luchterhand,
1989. (1) S. 142. (2) S. 162. – © 1989 Luchterhand Literaturver-
lag GmbH, Frankfurt a. M.

B. P.-G.: NUNFT FKK / IM endart. novemberklub. Göttingen: Steidl, 1992. (3) S. 16. (4) S. 35. (5) S. 48. (6) S. 72. – © 1992 Steidl Verlag, Göttingen.

OSKAR PASTIOR (*1927)

(1) Dich Sophia hat mein Grübeln
(2) Oh, Magdalena!
(3) Kummer und Socken
(4) Überlebensgrobe Euryathne auf einer allergoriechn Wolke vorbeischwebend
(5) ARKADIEN
(6) Entworfen also
(7) Wanda Parehte ist so schweischneidig

O. P.: Vom Sichersten ins Tausendste. Gedichte. Frankfurt a. M.: Suhrkamp, 1969. (1) S. 46.
O. P.: Wechselbalg. Gedichte 1977–1980. Spenge: Ramm, 1980. (2) S. 9. (3) S. 16.
O. P.: Der krimgotische Fächer. Lieder und Balladen. Mit 15 Bildtafeln des Autors. München: Renner, 1978. (4) S. 49 f.
O. P.: Lesungen mit Tinnitus. Gedichte 1980–1985. München: Hanser, 1986. (5) S. 73.
O. P.: Francesco Petrarca: 33 Gedichte. München: Hanser, 1983. (6) S. 40.
O. P.: Das Unding an sich. Frankfurter Vorlesungen. Frankfurt a. M.: Suhrkamp, 1994. (7) S. 27 f.
Mit Genehmigung von Oskar Pastior, Berlin.

REINHARD PRIESSNITZ (1945–1985)

(1) premiere
(2) + + +
(3) herbst
(4) reise
(5) trauriges pudern
(6) tragödie

R. P.: vierundzwanzig gedichte. Linz: Droschl, 1978. (1) S. 7. (2) S. 11. (3) S. 19. (4) S. 28. (5) S. 29. (6) S. 50. – Die Gedichte entstanden in den sechziger und siebziger Jahren. – © 1978 Literaturverlag Droschl, Graz.

DIETER ROTH (*1930)

(1) Dass, wenn die Sonne nochmal scheint
(2) Das Leben
(3) Da oben
(4) Bei der Nacht
(5) Lieber Schafbock, tritt herein!
(6) Inschrift für einen Musikkomponisten
(7) Das Getöne
(8) Das Getöse
(9) Das Getöne bis zum Getöse

D. R.: Frühe Schriften und typische Scheiße ausgewählt mit einem Haufen Teilverdautes von Oswald Wiener. Berlin/Neuwied: Luchterhand, 1973. [Unpag.] – Mit Genehmigung von Dieter Roth, Basel.

GERHARD RÜHM (*1930)

(1) atemgedicht (1954)
(2) gebet (1954)
(3) marianne, deine kunst in ehren (1958)
(4) Erklärung (späte sechziger Jahre)
(5) blumenstück (späte sechziger Jahre)
(6) (besäufnis)
(7) glaubensbekenntnis

G. R.: botschaft an die zukunft. gesammelte sprechtexte. Reinbek bei Hamburg. Rowohlt, 1988. (1) S. 36. (2) S. 37f. – © 1988 Rowohlt Verlag GmbH, Reinbek bei Hamburg.
G. R.: geschlechterdings. Chansons, Romanzen, Gedichte. Reinbek bei Hamburg: Rowohlt, 1990. (3) S. 34. – © 1990 Rowohlt Verlag GmbH, Reinbek bei Hamburg.
G. R.: gesammelte gedichte und visuelle texte. Reinbek bei Hamburg: Rowohlt, 1970. (4) S. 175. (5) S. 180. – Mit Genehmigung von Gerhard Rühm, Köln.
G. R.: wahnsinn. litaneien. München: Hanser, 1973. (6) S. 62–64. (7) S. 90f. – © Mit Genehmigung von Gerhard Rühm, Köln.

PETER RÜHMKORF (*1929)

(1) Hymne (1958)
(2) Variation auf »Abendlied« von Matthias Claudius (1961/62)

P. R.: Gesammelte Gedichte. Reinbek bei Hamburg: Rowohlt, 1976. (1) S. 37 f. (2) S. 97 f. – © 1976 Rowohlt Verlag GmbH, Reinbek bei Hamburg.

NELLY SACHS (1891–1970)

Chor der Geretteten (1945)

N. S.: Fahrt ins Staublose. Die Gedichte. Frankfurt a. M.: Suhrkamp, 1961. S. 50 f. – © 1961 Suhrkamp Verlag, Frankfurt a. M.

FERDINAND SCHMATZ (*1953)

(1) nur als beispiel
(2) komp(l)ott
(3) wien (fett fleisch wein butter)

F. S.: der (ge)dichte lauf. Nachw. von Reinhard Prießnitz. Linz: Droschl, 1981. (1) S. 80. – © 1981 Literaturverlag Droschl, Graz.
F. S.: speise. gedichte. Graz: Droschl, 1992. (2) S. 61 f. (3) S. 105 f. – © 1992 Literaturverlag Droschl, Graz.

WOLFDIETRICH SCHNURRE (1920–1989)

Mörder Sommer

W. S.: Kassiber. Gedichte. Frankfurt a. M.: Suhrkamp, 1956. S. 15 – Mit Genehmigung des Paul List Verlags, München.

SCHULDT (*1941)

(1) Schaum Glast das Zähere
(2) Entblößen des Blutes
(3) kalke Violine

S.: Blut des Metronomen. Illustrationen nach Joseph Cornell. Brühl: Hagar, 1965. [Unpag.] – Mit Genehmigung von Schuldt, Hamburg.

ROR WOLF (*1932)

(1) Fünf Hinweise zur Lage
(2) waldmann und die gräfin, eine dunkle dame
(3) gesang
(4) mein famili

R. W.: Punkt ist Punkt. Fußballspiele. Frankfurt a. M.: Suhrkamp, 1971. (1) S. 27 f. – Mit Genehmigung von Ror Wolf, Mainz.

R. W.: hans waldmanns abenteuer. sämtliche moritaten von raoul tranchirer mit collagen des verfassers. Zürich: Haffmans, 1985. (2) S. 23 f. (3) S. 31. (4) S. 87 f. – © 1985 Haffmans Verlag AG, Zürich.

PAUL WÜHR (*1927)

  (1) Ich habe den Fehler nicht
  (2) Zwar hätte ich gern die Reise nach Innen
  (3) Nämlich
  (4) Lüge ich wenn ich
  (5) Das rechte Herz
  (6) Keinen Schädel schlag ich
  (7) Wann treffen sich ihre zwei Schenkel
  (8) UM UNS ATMET
  (9) DER SCHÖNE MAI
(10) Streicher
(11) Wacht
(12) Sacht

P. W.: Grüß Gott ihr Mütter ihr Väter ihr Töchter ihr Söhne. Gedichte. München: Hanser, 1976. (1) S. 5. (2) S. 9. (3) S. 16. (4) S. 21. (5) S. 49–51. (6) S. 51. (7) S. 71. – © 1976 Carl Hanser Verlag, München und Wien.

P. W.: Rede. Ein Gedicht. München: Hanser, 1979. (8) S. 34 f. (9) S. 55. – © 1979 Carl Hanser Verlag, München und Wien.

P. W.: Sage. Ein Gedicht. München: Renner, 1988. (10) S. 25. (11) S. 26. (12) S. 207. – © 1988 Verlag Klaus G. Renner, München.

UNICA ZÜRN (1916–1970)

  Ich weiss nicht, wie man die Liebe macht (1959)

U. Z.: Gesamtausgabe. Bd. 1: Anagramme. Berlin: Brinkmann & Bose, 1988. S. 69. – © 1988 Brinkmann & Bose Verlag, Berlin.

Nachwort

»Wir wissen nichts vom Gedicht«, schreibt Gerhard Falkner; »nach erstaunlich vielen geistreichen Einkreisungsversuchen, auch in neuerer Zeit, ist es noch immer nicht dingfest gemacht und im engeren Bereich nur ein Konsens, der sofort in andere literarische Gattungen stark ausfranst.«[1] Aber selbst wenn man geneigt ist, Falkners lustvoll melancholischem Eingeständnis der immer sich erneuernden Ungreifbarkeit und Uneingrenzbarkeit des Phänomens Gedicht beizustimmen, vollzieht sich doch unser Umgang mit Gedichten in der Praxis ganz anders. Wir kennen die Komplexität des Gedichts, kennen die Wandelbarkeit unserer Einstellung zu vielen Gedichten, kommen unseren geschmacklichen und stimmungsbedingten Schwächen für bestimmte Gedichte und ganze Richtungen der Lyrik auf die Spur und äußern dennoch dezidierte Meinungen zu Gedichten, haben Evidenzen bezüglich der Bedeutung und des Rangs von Gedichten, fällen Urteile und machen uns ein Bild von der Lyrik ganzer Epochen, auch unserer eigenen. Gewiß denken wir nicht mehr in so pampig ewigkeitshörigen Kategorien wie der des ›Meisterwerks‹, aber da wir doch nicht in der Beliebigkeit landen wollen, halten wir mit guten Gründen daran fest, daß es große Gedichte gibt – und im Unterschied dazu auch kleine, schwache, kunstgewerbliche, modische, harmlose, die wir durchaus erkennen können. Schwieriger wird's höchstens, wenn, wie Falkner schreibt, man auf ein Gedicht stößt, das »alles« hat, »es ist zeitgemäß, meistert die Form, beherrscht seine Mittel, erreicht sogar eine gewisse Kühnheit und ist doch nur das,

---

1 Gerhard Falkner, *Über den Unwert des Gedichts. Fragmente und Reflexionen*, Berlin/Weimar 1993, S. 142.

was dasteht«[2]; aber es macht ja vielleicht sogar die Lust des Lyriklesers aus zu wissen, daß er sich nicht, wie bei erzählender Prosa, notfalls auf Inhalte zurückziehen kann, sondern gewissermaßen gefährdeter liest, in seinen Urteilen sich stärker exponiert und exponieren *muß*. Und wer den Wunsch sich bewahrt hat, Distanz von Tagesmoden zu halten oder zu gewinnen, wird zumindest sich selbst immer wieder Rechenschaft zu legen versuchen, was aus dem Lektüretreiben vieler Jahre übrigbleibt, übrigbleiben soll.

Heinrich Vormweg hat vor kurzem den Vorschlag gemacht, auf die offenbar keineswegs abnehmende Menge des lyrisch Produzierten und Publizierten nicht mit elitärem Ärger darüber zu reagieren, daß hinter den »Lyrifizierungsversuchen von ›Wirklichkeit‹« in ihrer erkennbaren Uniformität am Ende gar keine wirklichen individuellen Autoren stehen, sondern, wie Matthias Politicki schreibt, »bloß ein einziger Autor – ein geschickter Bastler, der sich verschiedenartiger Methoden des Kunsthandwerks bedient«. Vormweg plädiert vielmehr angesichts dieser Lage fürs »Lesen vieler, immer anderer Gedichte nicht auf der Suche nach einem vermeintlich ›großen‹ Gedicht, sondern nach den ungezählten Brechungen erfahrener Realität in der lyrischen Sprache.«[3] So menschenfreundlich der Vorschlag klingt und so notwendig solche Praxis auch sein mag, wenn man sprachsoziologische Einsichten in die alltägliche Dispersion lyrischer Sprache gewinnen will – es ist ein Vorschlag, der impliziert, daß »große« Lyrik ohnehin nicht mehr existiert oder gar keine sinnvolle Kategorie mehr ist und es vielmehr darauf ankomme oder interessanter sei, in gut demokratischer Manier zu beachten, wie der lyrische

2 Falkner, S. 142.
3 Heinrich Vormweg, *Verteidigung des Gedichts. Eine Polemik und ein Vorschlag,* Göttingen 1990, S. 16. – Der Satz Matthias Politickis wird zitiert nach: Vormweg, S. 10

Mann-auf-der-Straße dem lyriksprachlich Vorhandenen seine kleine Nuance abgewinne, nicht in einem ›schöpferischen‹ Sinne – daß er nämlich dem Vorhandenen etwas Neues, gar etwas Großes hinzufüge –, sondern in dem Sinn, daß er das Recht hat, eine erfahrene Realität (über deren Charakter anscheinend von vornherein Konsens besteht) in der gerade allgemein angesagten Sprache auch ein wenig zu brechen.

Dann wären allerdings beim Lesen von Gedichten nur noch Lyrikmoden ersten Grades in ihrer Verdünnung zu Moden zweiten und dritten Grades, zweiten und dritten Ranges nachzuverfolgen und als politisch-alltagskulturelle Phänomene zu registrieren; es handelte sich dann bei Gedichten nur um Dokumente quasi-lyrisch ausgedrückter Bewußtseinslagen der Allgemeinheit, und daß dem nachzugehen Pflicht eines Chronisten des Bewußtseinwandels sein könnte, ist nicht zu bestreiten. Man kann dem nur einen emphatischen Begriff von Lyrik gegenüberstellen und darauf hinweisen, daß die Einebnung bzw. das Sich-gleichgültig-Machen gegenüber allen Unterschieden zwischen weitverbreitetem lyrischem Geschreibsel und Lyrik eine politische und keine literarischästhetische Entscheidung ist.

Die vorstehende Auswahl deutscher Gedichte – es sei wiederholt, daß sich das Adjektiv »deutsch« hier allein auf die Sprache bezieht, in der die Gedichte geschrieben sind, im Sinne des Satzes von H. C. Artmann: »Ich bin Österreicher und ein deutscher Dichter« – geht von der Voraussetzung aus, daß es bedeutsame Unterschiede in der Qualität von Gedichten als Erfahrung von Lesern gibt und als regulative Idee, trotz aller Schwierigkeiten bei der Bestimmung des Rangs von Gedichten, geben muß. Wahrscheinlich ist (oder wäre) es außerdem sogar der Selbsterkenntnis von Gedichtschreibern zur Selbstaussprache, Selbstverwirklichung und Freizeitbeschäftigung dienlicher, den Unterschied zwischen Gedichten als Teil der Meinungsfreiheit und der Freizeitfreiheiten einerseits und Gedichten andererseits zu erfahren, die im Rahmen einer inzwischen komplexen und hochdifferenzierten, vor bestimmten historischen und ästhetischen Ereignissen sich verantwortenden und daran sich messenden Disziplin entstanden sind. So reizvoll und in vieler Hinsicht aussagekräftig es auch sein könnte, dem Vormwegschen Vorschlag folgend auch die deutsche Lyrik von 1945 bis heute unter dem Aspekt einer lyrischen Sprache als in große gesellschaftliche Breite sich ausdehnendes gesunkenes Kulturgut und als Sammlung von Zeugnissen der Geschmacks- und Bewußtseinsgeschichte zu verfolgen, so wenig kann einem aber als Leser und Literaturkritiker damit das Recht genommen sein, etwa herausgefordert von dem Datum 1995 und dem nahenden Ende des Jahrhunderts, sich die Frage zu stellen, was – bei gegebener Bedingung eines beschränkten Umfangs einer solchen Sammlung – an deutscher Lyrik der fünfzig Jahre seit der deutschen Kapitulation und Befreiung bzw. der zweiten Hälfte des Jahrhunderts jenseits des Historisch-Dokumentarischen und anderer Bedingtheiten zu bleiben verdiene, da es zeige, wie diese Lyrik den Bereich des Sagbaren erweitert, die Formensprache deutscher Lyrik bereichert und Phänomenen des inneren wie des äußeren Lebens sich zu stellen vermochte, die neue, vorher nie gekannte Voraussetzungen waren für die Entwicklung der Lyrik. Die Frage ist, ob sich annäherungsweise ein Korpus von deutschen Gedichten zusammenstellen ließe, das nicht nur allerlei Strömungen der deutschen Nachkriegslyrik, die Breite ihrer Möglichkeiten erkennen ließe, sondern das die spezifische Leistung dieser Lyrik angesichts der Aufgabe und der Bedingungen seit 1945 zeigte. Diese »Leistung« bestünde dann darin, unter verantwortlichem Rückgriff und in Fortsetzung der mehr oder weniger etablierten lyrischen Sprache oder in der Entwicklung neuer Sprechweisen nicht einfach neue »erfahrene Realität« dichterisch ›gebrochen‹, sondern sie überhaupt erst adäquat – und das würde auch heißen: eben nicht epigonal – benannt und erfahrbar gemacht zu haben. Eine Lyrikanthologie aus der Produktion eines bestimmten

Zeitraums so zusammenzustellen, daß nicht »nur wieder ein buntes Lesebuch mehr«[4] entstehe, ist immer wieder da versucht worden, wo der Zusammenstellende nicht nur einen Zeitraum – »die zwanziger Jahre«, die »sechziger Jahre« o. ä. – in ›typischen‹ Gedichten repräsentieren wollte, sondern eine entschiedene Fragestellung hatte. Walter Höllerers »Transit. Lyrikbuch der Jahrhundertmitte« will 1955 das lyrische Signum eines ganz bestimmten *Augenblicks* vorführen, eines Augenblicks in der *deutschen* Lyrikenentwicklung; Hans Magnus Enzenberger setzt 1960 in seinem »Museum der modernen Poesie« gewissermaßen den Schlußstein in die deutsche Rezeption jener internationalen Entwicklung der modernen Poesie, von der Deutschland bis weit in die Nachkriegsjahre hinein abgeschlossen war, und mit Walter Höllerers, Franz Mons und Manfred de la Mottes Sammlung »movens. Dokumente und Analysen zur Dichtung, bildenden Kunst, Musik, Architektur« tauchten 1960 zum ersten Mal in Deutschland in größerem Umfang experimentelle Texte in einer Anthologie auf, die überdies mehr eine gegenwärtige, mit Enthusiasmus begrüßte Bewegung als eine vergangene Kunstphase dokumentierte. Keiner der Bände hatte übrigens kanonisierende Absichten, obwohl Enzensbergers »Museum« ein Stück weit eine solche Wirkung hatte, indem das Buch – und sei's auch unfreiwillig – festschrieb, was unter der (klassischen) internationalen lyrischen Moderne zu verstehen sei. Erinnern wir schließlich, um uns vor Augen zu halten, wie Sammlungen aussehen können, die über die Verzeichnung des Historisch-Zeittypischen hinaus wollen, an zwei Extreme, an Franz Mons und Helmut Heissenbüttels »Antianthologie. Gedichte in deutscher Sprache nach der Zahl ihrer Wörter geordnet« von 1973 und an Rudolf Borchardts »Ewiger Vorrat deutscher Poesie« von 1926. Mon und

---

4 *Ewiger Vorrat deutscher Poesie,* besorgt von Rudolf Borchardt, München 1926; photomech. Nachdr. der Originalausg., Stuttgart 1977, S. 445.

Heissenbüttel stellen einen quantitativen, quasi-technischen Aspekt in den Vordergrund und ordnen die deutsche Lyrik der Vergangenheit nach einem an der experimentellen Poesie des 20. Jahrhunderts gewonnenen Prinzip: Welche lyrische Prägung und Verwendung erfährt eine Wort-Menge zu unterschiedlichen Zeitpunkten? Stellen sich für Gedichte gleicher Wort-Menge ungeachtet des Zeitpunkts ihrer Entstehung ähnliche strukturelle Probleme? Rudolf Borchardt hatte eine so bestimmte Vorstellung von einem die gesamte deutsche Lyrik durchherrschenden geistlichen Unterstrom sowie eine an den blanken Schrecken grenzende Abneigung gegen das die deutsche Poesie des 19. Jahrhunderts prägende Epigonentum bei gleichzeitigem Verfall dessen, was er unter »Formen« verstand, daß er von da her zu bestimmen versuchte, welcher vorbildliche Vorrat zu Beginn des zweiten Viertels des 20. Jahrhunderts zu bilden sei, und so fragwürdig die Vision ist, die er um einer von ihm entworfenen poetischen und kulturellen Zukunft willen der deutschen Lyrik der Vergangenheit aufprägt, so konsistent und willensstark ist sie doch.

Borchardt kann einen bei der Konzeption einer Sammlung deutscher Lyrik der letzten fünfzig Jahre jedenfalls darin bestärken, daß weder Bekanntheit des Gebotenen noch Vollständigkeit hierbei angezeigt sein dürfen. Verbindet man eine solche Auswahl mit dem Kriterium der sprachästhetischen Leistung, dessen, was auf Englisch »achievement« heißen würde, und mit der unbedingten Forderung und Überzeugung, daß es eine Adäquanz von neuen Themen und Erfahrungen zu einer neuen lyrischen Sprache gibt und daß daher jenseits aller Fetischisierung des Wertes der ›Neuheit‹, der ›Innovation‹ eine neue oder doch – an Indizien ihres Gebrauchs erkennbar – eine durch Reflexion ihrer Verwendung *neue* Sprache die lyrische Epoche nach 1945 kennzeichnen muß, so ist auf alle Fälle ein Kriterium aufgestellt, welches – wie bestreitbar die ausgewählten Texte auch immer im Einzelfall sich hierzu verhalten – auszuschließen erlaubt, was bloß populär war in den letzten fünfzig Jahren – so sehr es auch zum literarischen Leben gehört haben mag, das ja immer großherziger ist als jene Instanz, die entscheiden müßte, was an Modischem und Gefälligem, an »Normallyrik« (Herbert Achternbusch) mit der Epoche seiner Popularität auch zu enden verdiente. In diesem Sinne ist die Rolle eines Auswählenden als eines, der sich anmaßt, aus seiner Sammlung auch auszuschließen, eine unbarmherzige; aber schließlich hat jeder Leser die Möglichkeit, in *seine* Sammlung des Überlebens- und Überliefernswerten das wieder einzuschließen, was ein anderer Anthologist ausschloß. Ein in sich konsequenter Kanon ist für das Nachdenken über Qualitäten von Lyrik überhaupt und über die Gedichte der letzten fünfzig Jahre, die ob ihres Ranges und ihrer Einmaligkeit unbedingt zu dauern verdienten, ohnehin viel anregender als eine Ansammlung, die aus lauter Angst, jemanden vergessen oder irgendetwas auch Bemerkenswertes übersehen zu haben, ins Amorphe zerläuft.

Selbstverständlich würden zur Lyrik der letzten Jahrzehnte, wählten wir unter dem Aspekt des Ausdrucks des uns allen bekannten, öffentlich Wort gewordenen Lebensgefühls aus, unbedingt die Gedichte von Erich Fried und die Lieder von Wolf Biermann gehören; Lyrik als Geschichtsschreibung, als Sammlung zum Beleg von geschmacklichen und politischen Gestimmtheiten, würde selbstverständlich die Verse George Forestiers und Jürgen Theobaldys, Ulla Hahns und Peter Maiwalds einschließen. Elisabeth Langgässers Gedichte müßten dann vertreten sein und jener bisweilen kostbare, bisweilen saloppe Intellektualkitsch, der sich in der Lyrik des späten Benn findet; einiges an wortreich fetzigem, kaum endenkönnendem Gerede Jörg Fausers gehörte hierher wie auch vieles der intelligenten und smart lyrifizierten Gesellschaftskritik Enzensbergers, die seine Gedichte ganz rasch für den Deutschunterricht brauchbar erscheinen ließ. Wer lang genug die deutsche Lyrik nach 1945 nicht nur las, sondern mit ihr lebte, der hatte einmal eine Liebesaffäre mit Benns

»Welle der Nacht« und in den fünfziger Jahren mit Peter Härtlings »Yamin«-Gedichten, in einem bestimmten Moment der sechziger Jahre dann auch mit einigen Liedern Wolf Biermanns. Aber mag die Instanz auch noch so problematisch sein, die erklären dürfte, dies bleibe und jenes nicht – auf den gottverlassenen Anwurf, das alles sei doch eine reine Sache des persönlichen Geschmacks und die vorliegende Auswahl sehr subjektiv, kann man nur antworten, daß ›Geschmack‹ zwar in ästhetischen Dingen eine Realität, aber kein Argument ist, da sonst nur noch übrigbliebe, einer Geschmacksbekundung eine andere entgegenzustellen. Es lassen sich mit Gedichten Erfahrungen machen, die mehr als nur Geschmackssache sind und auf die man sich argumentativ durchaus einigen kann, was dann zumindest eine große Anzahl von Entscheidungen über die Qualität von Gedichten aus dem pur Subjektiven heraushält.

Eine der deprimierendsten Erfahrungen beim Wiederlesen der Gedichte vieler Autoren der Zeit nach 1945 – das dürfte aber für die lyrischen Œuvres anderer Zeiträume genauso gelten – ist der Eindruck der Geschwätzigkeit nicht nur vieler Gedichte, sondern auch vieler Autoren. Zahlreiche Autoren haben ihren Ton, ihre Sprechweise, nachdem sie sie einmal gefunden haben, nur gering variiert oder weiterentwickelt, und bei der rückblickenden Lektüre ihrer Werke fällt auf, daß die ›Notwendigkeit‹ ihrer Lyrik oft eher auf eine Art Wiederholungszwang hinausläuft: bei gleichbleibender Sprache werden die Themen ausgetauscht, und Innovation, poetische Arbeit und also auch Überraschung des Lesers halten sich in Grenzen. Schreiben gehört auch für die Autoren oft eng zum gelebten Leben, zur Psychohistorie des Individuums, und dann ist das Aufgeschriebene Teil dieses Lebens und damit auch so vergänglich wie dieses. Damit eine Anzahl von Gedichten entsteht, die anderer, haltbarerer Natur sind, muß offenbar viel geschrieben werden, was dann Übung, Selbstvergewisserung und – böse und mit dem unbarmherzigen Blick von außen gesagt – nur Duplikat oder Schlacke ist. Wahrscheinlich sind selbst die größten Autoren nur selten auf der Höhe ihrer selbst, und von ihren bewundernswertesten, dichtesten Leistungen her gesehen, in denen Meisterschaft und Glück zusammentraten, haben fast alle Autorinnen und Autoren zu viel geschrieben. Das ist wahrscheinlich der Hintergrund von Gottfried Benns Feststellung, auch große Autoren hinterließen, genau betrachtet, nur sechs bis zwölf »hinterlassungsfähige Gebilde«, was wie das Echo des Alfred Kerr zugeschriebenen Diktums klingt, in den umfänglichsten lyrischen Œuvres stünden höchstens zehn Gedichte von Rang.

Das mag um der Pointe willen übertrieben sein, hat doch der bis zur Mißgunst nüchterne Kritiker Garlieb Merkel 1805 Goethe sogar »ein Viertelhundert gelungene Gedichte«[5] zuerkennen müssen – aber da ging's eben um Goethe … »Das Gedicht verdichtet, sagt man. Doch was machen, wenn es labert?«[6] fragt Robert Gernhardt. Oft ist es gar nicht das einzelne Gedicht, das »labert«, sondern der grausame Blick des ein Gedichtwerk in seiner ganzen Masse lesenden Lesers läßt die spannungslosen Gleichförmigkeiten daran deutlicher ans Licht treten. Robert Gernhardt ist übrigens selbst nicht frei davon, auch öfters mal nur witzig zu schwätzeln, aber hat doch an erstaunlich vielen Stellen seines ersten bis zu seinem vorerst letzten Gedichtband vorgeführt, daß gerade er ein Meister strenger Lakonik in der Lyrik der deutschen Gegenwart sein kann, einer ruhigen, mit Metaphern geizenden Wortkargheit, die ihn – unabhängig vom Ideologischen – zum im Moment vielleicht herausragendsten Schüler des Lyrikers Bertolt Brecht macht, zum Meister des fast bis zu Tonlosigkeit abgemagerten ›basic German‹.

Unbedingtheit der Auswahl, keine Relativierung der Auswahl durch Rücksichten und technische Bedingungen – dies wäre das Ideal gewesen für eine Anthologie,

5 In: *Der Freimüthige*, 8. November 1805, S. 472.
6 Robert Gernhardt, *Weiche Ziele. Gedichte*, Zürich 1994, S. 107.

die allein auf Qualität der Gedichte, auf maßstabsetzende Radikalität der Texte setzen will. Das ist, zugegebenermaßen, aus verschiedenen Gründen nicht möglich gewesen oder mir selbst als Anspruch in einigen (wenigen) Fällen auch fragwürdig geworden. Bisweilen ist etwa die historische Bedeutung eines Gedichtes so groß, daß seine absolute Bedeutung gar nicht mehr klar feststellbar ist: Ist Günter Eichs »Inventur« wirklich ein bedeutendes Gedicht oder ist es nur (»nur«?) ein sehr treffendes, anrührendes Gedicht, das einen historischen Moment in Deutschlands Geschichte, den Anfangspunkt der Epoche, deren große Gedichte unsere Auswahl versammeln will, festhält? In noch höherem Maße gilt dieses Problem einer Rezeption, die die Erkenntnis der unbedingten Qualität des Gedichts behindert, für Paul Celans »Todesfuge«, die ich für höchst problematisch halte. Aber ehe ich das Gedicht ausschließe, muß ich ihm doch eine von rein sprachästhetischen Argumenten gar nicht mehr erreichbare Wirkung und sogar Größe zubilligen, die ich nur reduzieren möchte dadurch, daß ich »Engführung« daneben stelle, ein Gedicht, das man als eine Art Selbstkommentar zur lyrischen Verfahrensweise Celans in der »Todesfuge« lesen kann. Andererseits gibt es auch Gedichte, die ich geneigt war in die Sammlung aufzunehmen, obwohl sie nur eine oder zwei Zeilen haben, die herausragend und einmalig sind, die aber das ganze Gedicht auf eine neue Stufe heben. Robert Gernhardts Gedicht »Dichtermann in Dortmund« ist zwar nur eine lyrische Plauderei über die Station einer Lesereise, eine eher deprimierende Station, doch dann schwingt sich das Gedicht zu zwei aberwitzigen, wahrhaft unerhörten Schlußzeilen auf: »Dortmund! Bist nicht gerichtet, bist gerettet! / Dortmund! Gebenedeit unter den Städten!«[7] Und Werner Bergengruen sogar wäre beinahe mit dem Gedicht »Die letzte Epiphanie« in die Auswahl aufgenommen worden, einem Gedicht, das vielleicht nur groß gedacht und dann sche-

7 Gernhardt, S.47 f., hier S.48.

matisch ausgeführt ist, jedoch am Ende Gott, der nach dem biblischen »Was ihr dem geringsten meiner Brüder tut, das tut ihr mir« in vielen Gestalten die Barmherzigkeit der Deutschen auf die Probe stellt, bei der sie versagen, schließlich in einer letzten Gestalt erscheinen läßt: »Nun komm ich als Richter. Erkennt ihr mich jetzt?«[8] Das hat bedeutendes religiöses Pathos und ist beinahe ein großes geistliches Gedicht aus einem der moralisch trostlosesten Momente Deutschlands, einem »Dies irae«, wie Bergengruens Gedichtband von 1945 heißt, in dem das Gedicht erstmals stand. Die Schlußzeile reißt dann aber doch nicht das ganze Gedicht in jenen Rang, der es bleibend machen würde.

Beim Zusammenstellen einer Gedichtauswahl treten auch Fragen der Proportion auf, um so stärker wahrscheinlich, je geringer die Zahl der zur Verfügung stehenden Seiten ist. Ernst Jandls Sprechgedicht »bestiarium« vom Februar 1957 zum Beispiel, veröffentlicht in »Laut und Luise«, wohl einem der gewichtigsten Bände deutscher Lyrik seit 1945, hätte sehr viel Platz beansprucht innerhalb der vorliegenden Anthologie, und seine Wirkung wäre obendrein noch unsicher gewesen, da dieses Gedicht in besonders hohem Maße darauf angewiesen ist, gesprochen und gehört zu werden. Ähnlich steht es mit Bert Papenfuß' »krampf-kampf-tanz-saga« aus dem 1989 in Ost und West erschienenen Gedichtband »dreizehntanz«; dies ist sicher eines der bemerkenswertesten langen Gedichte der deutschen Literatur der letzten Jahrzehnte, hätte aber im vorliegenden Band zu klobig und demonstrativ gewirkt und zu viele andere Gedichte vertrieben. Das Gedicht bleibt aber bemerkenswert, für mich nicht zuletzt auch deshalb, weil es einen der seltenen Fälle darstellt, in denen ein langes Gedicht – als Konzept meist einleuchtender denn als Realität – glückt, entgegen der Diagnose A. C. Bradleys, der ich eigentlich zustimme: »Dichtung

---

8 Werner Bergengruen, *Dies irae. Gedichte*, Zürich 1945, S. 10 f.

[in englischer Sprache: ›poetry‹, also eher Lyrik] ist die Sprache eines Krisenzustandes, und eine Krise ist kurz. Das lange Gedicht ist kunstwidrig.«[9] Auf eine ganz andere Weise, die mit der Nähe seiner Schreibweisen zur experimentellen Literatur zusammenhängt, erreichen die Gedichte Jan Faktors ihre Länge, und gerade in dieser Länge erst entwickeln sie ihre spezifischen Qualitäten; doch sind auch diese Gedichte Sprechgedichte und hätten wegen ihres Umfangs wiederum sehr ungefüg und sprengend gewirkt. Was dann auch heißt, daß etwa ein großformatiger Band von 600 Seiten für eine Auswahl deutscher Lyrik der letzten fünfzig Jahre ganz andere Texte einschließen könnte – und nicht nur zahlenmäßig mehr.

Gerhard Falkners eingangs zitierte Bemerkung, »Gedicht« sei etwas, das – gerade in den letzten Jahrzehnten – »in andere literarische Gattungen stark ausfranst« (vielleicht sollte man genauer sagen: in andere Textsorten und in die Nachbarkünste), stimmt natürlich in besonderem Maße für die Texte der Wiener Gruppe und allgemein der Autoren, für die sich die summarische Behelfsbezeichnung »Experimentelle« eingebürgert hat. Eugen Gomringers Konkrete Poesie heißt mit gutem Grund nicht Lyrik, aber man kann sie als ganz spezifische Ausformung von Lyrik lesen, jedenfalls vor dem Hintergrund der Entwicklung lyrischen Sprechens in unserem Jahrhundert; ähnliches gilt für manche Texte Helmut Heissenbüttels, für Texte Schuldts und auch Pastiors. Es gehört zum guten Ton, sich über den in seiner Nüchternheit und Neutralität schon wieder preziösen Begriff »Text« lustig zu machen; der Begriff ist aber auf weite Strecken nur präzise; Heissenbüttels »Textbücher« (1960 ff.) sind eben nicht Gedichtbände, Franz Mons »artikulationen« von 1959 nicht einfach ein Lyrikband, obwohl viele der Texte, wie gesagt, in gewissem Sinn eine Erbschaft der Lyrik antreten (nicht *die* Erbschaft, wohlgemerkt), unter der Voraussetzung

9 A. C. Bradley, *Oxford Lectures On Poetry* (1909); Neudr. New York 1965, S. 203.

einer bestimmten Leseweise dieser Texte. An Texten Schuldts, Oskar Pastiors und Gerhard Rühms, auch etwa an Franz Mons »crna gora« oder »entwicklung einer frage« ließen sich Nähe und Unterschiede traditionell lyrischer und stärker von der Sprachmaterialität ausgehender Schreibweisen fruchtbar diskutieren, wobei dann auch zu erörtern wäre, inwiefern Visuelle Poesie unter Umständen zur Lyrik zu rechnen wäre. Für die vorliegende Auswahl habe ich mich entschieden, Visuelle Poesie und Phonetische Poesie – mit Ausnahme zweier dem Lautgedicht nahestehender Gedichte Konrad Bayers, der sonst insgesamt zu schwach in der Auswahl vertreten gewesen wäre – nicht zu berücksichtigen, weil dies ein ganz neues Feld eröffnet hätte; in beiden Fällen wäre übrigens auch die Typographie bzw. die zu verwendende Schrifttype neu zu bedenken gewesen, von der Frage ganz abgesehen, ob nicht auf kleinformatigen Seiten entscheidende visuelle Texte gar nicht adäquat wiedergegeben werden können. Und eine weitere Bedingtheit sei schließlich genannt, eine auf seiten der Leser, auf die doch Rücksicht zu nehmen war: Die Mundartlyrik, die bei H. C. Artmann, Gerhard Rühm und anderen auf große und befreiende Weise aus Biederkeit und Provinzialität heraustrat, hätte so umfangreiche Erläuterungen und Übersetzungen für die des Wienerischen nicht kundigen Leser notwendig gemacht, daß ich sie mit Ausnahme einiger Gedichte Friedrich Achleitners, die zugleich auch wichtig waren für ihre einmalige Lakonik, sowie eines Gedichtes von Konrad Bayer nicht in die Auswahl aufnahm.

»Die Theorie muß man kennen, aber die Sinne müssen über die Theorie sich lustig machen«[10], den Satz Gerhard Falkners muß man als Lyrikleser und besonders als Organisator einer Anthologie wahrscheinlich selbstironisch dahin variieren, daß man zugibt, wie sich einmal im Lauf der Zeit, zum andern aber noch einmal speziell bei erneuter Lektüre vieler Autoren und bei der Entscheidung über

10 Falkner, S. 130.

die Auswahl für diesen Band Erfahrungen mit Autoren und ihren Gedichten einstellen, die einem gar nicht in das Bild passen, das man sich von der Entwicklung und den genuinen Möglichkeiten der deutschen Lyrik der letzten fünfzig Jahre machte. Als Kritiker, dessen Vorstellung von Lyrik implizierte, daß die gängige lyrische Übung nach und nach, aber grundsätzlich unwiderruflich abgelöst würde von Schreibweisen und Texten, die den herkömmlichen Lyriker der Ich-Aussprache obsolet machen bzw. ihn als obsolet erweisen würden, muß ich einräumen – und preise dies mit Vergnügen als eine der glücklichsten literarischen Erfahrungen der letzten Jahrzehnte –, daß die Vielfalt legitimer Schreibweisen auch in der Lyrik und in Textsorten, die der Lyrik sehr nahe sind, viel größer geblieben, ja vielleicht sogar wieder viel größer geworden ist als ich zu einem bestimmten Zeitpunkt, etwa um 1970, vermutete. Ohnehin war klar, daß ein mehr oder weniger beliebiger allgemeiner Lyrik-Markt unbehelligt von literaturtheoretischen Problematisierungen der Gattung Lyrik immer weiterbestehen würde und Ulla Hahn e tutti quanti bzw. quante weiter ihre zahlreichen Leser finden würden: natürlich würde der Betrieb sich irgendwie fortwälzen. Aber auch die Zahl der Autorinnen und Autoren, die das Schreiben von Gedichten nicht nur als etwas sehen, was ihnen erlaubt ist, sondern als etwas, das objektive spirituelle Anforderungen an sie stellt, ihnen Verantwortung auferlegt und das in den Bereich der verantwortlichen Arbeit einer intellektuell-ästhetischen Existenz gehört, ist bis heute groß geblieben und die Arten, sich in Sprache der Welt nähern, sie durch sprachliche Eroberungen erst erfahrbar zu machen, beglückend vielfältig.

Um den Satz von Werner Kraft, Franz Kafka sei so einmalig und rätselhaft, daß man sagen könne: Kafka war in der deutschen Literatur nicht vorgesehen, zu variieren: Die Lyrik Ludwig Greves steht in einer Art in der Tradition der deutschen Lyrik, wie ich sie für unmöglich fortsetzbar gehalten hätte; die Lyrik Bert Papenfuß' scheint mir innerhalb der Lyrik der DDR ein einmalig und überra-

schend bedeutender Fall zu sein, und, polemisch zuge-
spitzt: selbst die deutsche Literaturkritik, von der Litera-
turwissenschaft ganz zu schweigen, hat noch keine Ahnung
von dem Reichtum, den die Lyrik Helmut Heissen-
büttels, Paul Wührs und Reinhard Prießnitz' dem Vorrat
deutscher Poesie gewissermaßen unvorhergesehener-
weise eingebracht hat, speziell den Gedichten über den
Tod, den politischen Gedichten, der Lyrik zu Auschwitz
und der erotischen Lyrik. Spannend wird es übrigens
obendrein sein, wenn die Lyrik der DDR nach und nach
noch einmal und unter veränderten Bedingungen zur
Kenntnis genommen wird; ich vermute, daß gerade in der
Lyrik der DDR jenseits ihrer Begrenzungen und Bedingt-
heiten Sprechweisen gefunden wurden – erkennbar schon
von Adolf Endler über Elbe Erb bis zu Karl Mickel, um nur
einige Beispiele zu nennen –, deren Karat, deren spezifi-
sche Leistung und deren Entwicklungsfähigkeit noch gar
nicht recht gesehen wurden. In diesem Sinn möchte ich
auch Oskar Pastiors Satz »Ich weiß nicht was Lyrik ist«[11]
verstehen, den man zunächst natürlich auf sein eigenes
Schreiben beziehen kann: Wüßte er, was Lyrik ist, so
könnte er Gedicht um Gedicht hervorbringen, problem-
los – schreibend kriegt er es aber eigentlich erst ein Stück
weit heraus, und *indem* er schreibt, verändert er selbst den
Begriff der Lyrik wieder. Der Satz ist jedoch auch überper-
sönlich zu lesen: Lyrik verändert sich, indem unerwartete
neue Gedichte hinzukommen, die ›nicht vorgesehen‹ wa-
ren bzw. von uns jedenfalls nicht erwartet wurden, und
daher werden wir – um pathetisch weit auszugreifen – erst
am Ende aller Tage, *nach* allen Gedichten wissen, was
Lyrik ist. Im Licht von Pastiors Satz könnte ich auch sagen:
In die Auswahl des vorliegenden Bandes habe ich Gedichte
aufgenommen, die nach 1945 den Begriff und die Mög-
lichkeiten der deutschen Lyrik verändert haben.

Mir scheint, daß es zwei verborgene Fragestellungen,

11 Oskar Pastior, *Das Unding an sich. Frankfurter Vorlesungen*,
Frankfurt a. M. 1994, S. 14.

zwei Probleme und Herausforderungen für die Lyriker deutscher Sprache nach 1945 gab und bis heute gibt, denen sie sich in irgendeiner Weise stellen mußten, sich auch meist gestellt haben. Wie fragwürdig auch immer einem Adornos berühmter Satz, nach Auschwitz Gedichte zu schreiben, sei barbarisch – ein Statement, das es übrigens in mehreren, zum Teil revidierten Versionen gibt und das selten differenziert diskutiert wurde –, erscheinen mag, er notiert doch, daß zwar nicht jeder Gedichtschreiber sich jede Minute und bis heute vor Auschwitz zu rechtfertigen hatte oder habe, wenn er ein Gedicht schreibt, daß aber auf eine schwer faßbare Weise das Gedichteschreiben ein Stück seiner Unschuld verloren hat und es bei den verantwortlichen Autorinnen und Autoren der Epoche zumindest einen Stachel in ihrer Selbstgefälligkeit und ihrem unbedenklichen lyrischen Gebrauch der Wörter geben müsse. Ich denke, daß die von Adorno geforderte unbedingte Ökonomie der künstlerischen (und also auch sprachlichen) Mittel etwas mit diesem Ende des unschuldigen kulturellen und insbesondere lyrischen Weiterproduzierens zu tun hat. Das Mißtrauen gegen die Metapher, das sich von der Wiener Gruppe in den fünfziger Jahren über die Konkrete Poesie, Helmut Heissenbüttel in seiner Literaturtheorie und in seinen Texten bis zu Oskar Pastiors Verfahren wie auch in die Ausführungen seiner Frankfurter Poetikvorlesung zieht, steht in einem Zusammenhang mit der von Adorno angemeldeten Empfindlichkeit (um es milde auszudrücken) gegen den ungebrochenen weiteren Umgang mit kulturellen und also auch sprachästhetischen Besitztümern, der es mit sich bringen könnte, daß sich sonst bloße lyrische Draperie, Umsichwerfen mit Ererbtem, Prunken mit Gütern, die einem nicht (oder nicht mehr) legitim gehören, einstellten. Die Eichsche, Krolowsche, Huchelsche »Chiffre« scheint mir übrigens eine der Schwund- und Spar-Formen der Metapher; H. C. Artmanns geradezu ostentativer, ostentativ vielfältiger Gebrauch lyrischer Bildlichkeit aller möglichen Provenienz ist seinerseits eine Inszenierung der

Sehnsucht, es möchte doch noch oder wieder alles in Ordnung sein mit der lyrischen Sprache und dem Dichtertum; die Entwicklung von Paul Celans Werk – von Gedichten wie »Ein Knirschen von eisernen Schuhn ist im Kirschbaum« bis zu den spätesten Gedichten – scheint mir eine konsequente Problematisierung alles dessen, was der große Könner Celan eben nicht mehr einfach glatt und prunkvoll können wollte, und ich halte es für eine zentrale Schwäche der Lyrik von Ingeborg Bachmann, daß sie mit großer dichterischer Pose und erheblicher Sentimentalität einen Reichtum lyrischer Bilder ausstellt, über den sie nicht rechtmäßig verfügt: er ist geborgt und nicht problematisiert, nicht bearbeitet. Hans Magnus Enzensberger aber ist wahrscheinlich gerade da, wo er auf die schick und geschickt gehandhabte lyrische Bildlichkeit seiner gebrauchslyrischen Gedichte der fünfziger und der frühen sechziger Jahre verzichtet, einer bedeutenden Möglichkeit neuer Lyrik und seinen eigenen besten Möglichkeiten am nächsten. Ökonomie der Mittel: Vielleicht kommen einzelne wenige Texte der Konkreten Poesie und der experimentellen Literatur, außerdem einige Gedichte des späten Brecht, ein paar kürzeste Verse Werner Krafts, zwei oder drei Gedichte aus Paul Wührs Band »Sage« diesem Ideal am radikalsten nahe: Lyrik, die sich selbst das endlos eitle lyrische Plappern ausgetrieben hat. »Ohne Metaphern gäbe es keinen Abgrund unter den Planken, zum Scheitern«[12]: Oskar Pastiors seinerseits abgründiges Diktum benennt die Notwendigkeit der Metapher für die Lyrik und zugleich, daß sie ein trügerischer Halt sein kann. Kommt das gar nicht in den Blick, wird die Frage übersprungen, was aus dem lyrischen Bild geworden sei, so droht ein Bilderreichtum, der hochstaplerische Pose ist, objektive Verlogenheit. Der dies wußte und es dennoch schaffte, noch einmal ein Dichter zu sein, den Dichter auf die sublimste Weise zu spielen, ist wohl, wie

12 Pastior, S. 100

schon angedeutet, H. C. Artmann, der es verstand, die Sprache nur noch nicht mehr »anders als scheinbar«[13] zu verwenden. Es bleibt deprimierend, daß bis heute einer der angesehensten deutschen Literatur- und speziell Lyrik-Preise, welcher sich obendrein mit dem Namen Petrarcas schmückt, nicht an H. C. Artmann hat vergeben werden können, von dem als dem Herrscher über alle Köstlichkeiten der deutschen Sprache Oskar Pastior zu Recht sagt: »Artmann ist der Fürst.«

Die Anordnung der Gedichte erfolgt in schnöder Neutralität alphabetisch nach den Namen der Autorinnen und Autoren; innerhalb der Gruppe der von einem Dichter angenommenen Gedichte folgt die Anordnung – soweit dies feststellbar war – dem Entstehungs- bzw. Publikationszeitpunkt. Sowohl eine Anordnung nach dem Geburtsjahr des Autors wie auch allein nach dem Entstehungs- oder Publikationszeitpunkt, ohne Rücksicht auf den jeweiligen Verfasser, wäre mir ebenso willkürlich erschienen; im Falle einer strikt chronologischen Reihenfolge der Gedichte wäre doch auch der Eindruck aufgekommen, daß das Gedicht eng mit dem historischen Moment, in und zu dem es entstand, in Verbindung gebracht werden solle, was ich eben nicht will; die Zeitmarke ihrer Entstehung sollen die Gedichte idealiter überstiegen haben. Große literarische Leistungen erinnern wir überdies bis heute und trotz aller Theorien vom Tod des Autors, der sich unverwechselbar sogar noch in so scheinbar mechanistischen Schreibweisen bzw. Textarten wie dem Anagramm nachweisen läßt[14], mit dem Namen eines Autors oder einer Autorin, als Teil eines Individuums, das seine spirituelle wie seine empirische Seite hat.

Seit Hans Magnus Enzensbergers Aufsatz »Die Aporien der Avantgarde« gehört es zum guten Ton, sich mit abwehrend erhobenen Händen gegen eine solche Dumm-

---

13 *Ewiger Vorrat deutscher Poesie,* S. 451.
14 Vgl. Renate Kühn, *Das Rosenbaertlein-Experiment. Studien zum Anagramm,* Bielefeld 1994.

heit wie die Vorstellung einer künstlerischen Avantgarde zu verwahren; Spott über die Vorstellung, in der Kunst gebe es wie im materiellen Bereich den *Fortschritt*, und sei es den Fortschritt der *Materialbeschreibung*, ist in letzter Zeit unter Literaturwissenschaftlern noch verstärkt zur karrierefördernden communis opinio avanciert. Abgesehen davon, daß die Künstler selbst den Avantgarde-Begriff seit vielen Jahren nur sehr sparsam benutzen und daß er andererseits vielleicht in Deutschland und Österreich als Begriff oder als Vorstellung – sei es auch als schlagwortartige Verkürzung – während der Jahre, in denen die Künstler dieser Länder den Anschluß an die internationale Literaturszene und an die literaturrevolutionären Traditionen vor allem Europas vor allem im ersten Drittel unseres Jahrhunderts suchten, als Stichwort und Richtungsangabe für bestimmte Denkweisen und Intentionen ganz brauchbar war, ist selbstverständlich die Vorstellung eines »Fortschritts« in den Künsten bzw. bezogen auf Abfolgen künstlerischer Werke naiv und problematisch. Aber wenn dieser Spott über den Avantgarde-Begriff von Kritikern kommt, die notfalls und obwohl sie es besser wissen lyrische Modeprodukte beflissen besprechen, wenn ein mächtiger Redakteur es ihnen nahegelegt, und ihnen folgsam etwas Positives abzugewinnen verstehen, dann hat man doch allen Grund, an der Einsicht festzuhalten, daß es auf jeden Fall so etwas gibt wie einen Fortschritt im künstlerischen Problembewußtsein, eine nicht zu vernachlässigende Entwicklung der Einsichten in die Bedingungen des eignen Tuns, unter denen die pure »Materialbeherrschung« nur ein Aspekt unter mehreren ist.

Festzuhalten ist auch daran, daß eine radikale und radikal selbstkritische Haltung im Umgang mit künstlerischen Mitteln überhaupt, die Einsicht, daß mit technischen und gesellschaftlichen Änderungen auch die Literatur sich ändern muß, wenn sie nicht in feinsinnigem retrograden Trotz verharren und in schöngeistige

Harmlosigkeit und Beliebigkeit zurückfallen will, zu den unverzichtbaren Kriterien gehört, wenn Autoren auch heute Literatur nicht nur für den Markt, nicht nur für die Unterhaltung und nicht als pures Ornament schaffen wollen, mit anderen Worten: wenn sie darauf insistieren, daß Dichtung auf komplexe Weise etwas mit Erkenntnis zu tun hat, mit Erkenntnis im Medium des Ästhetischen. Zöge man, schreibt Robert Musil, eine Verbindungslinie zwischen all den Werken, die in diesem Sinn ernsthaft und radikal sind, so »erhielte man als Rand die Grenzkarte unseres Fühlens und Denkens, die Verbindungslinie der Endpunkte aller Wege, wo sie vor dem Nochnichtbegangenen abbrechen.«[15] Dieser Vorstellung, daß zwar zum gegenwärtigen Zeitpunkt eines »anything goes«, einer ganz offenen und unübersichtlichen künstlerischen und intellektuellen Situation alles geht, aber deshalb noch lange nicht alles kriterienlos, gleich wichtig und wahrhaft gleichgültig ist, fühlt sich die vorliegende Auswahl deutscher Gedichte aus den letzten fünfzig Jahren verbunden. Sie setzt darauf, daß am Anfang nicht das gefällige Geschwätz war, sondern das Wort, und daß auch am Ende nicht gefälliges Geschwätz gelten wird, sondern das Wort, eine spirituelle Tatsache, an der jeder ›linguistic turn‹ zu nichts zerstäubt, weil es jenseits der Bedingtheit der Sprache die Unbedingtheit des Worts gibt. Joseph Brodsky hielt 1987 in seiner Nobelpreisrede diesen emphatischen Begriff des Dichters – polemisch gesagt: im Gegensatz zum Gedichtschreiber – mit den Worten aufrecht: »Jemand, der ein Gedicht schreibt, tut dies vor allem, weil das Schreiben von Gedichten den Geist, das Denken und das Erfassen des Universums auf außerordentliche Weise beschleunigt. Wer diese Beschleunigung einmal am eigenen Leib erlebt hat, ist nicht länger in der Lage, auf die Chance einer Wiederholung dieses Erlebnisses zu verzichten: er wird abhängig von

15 Robert Musil, *Gesammelte Werke in neun Bänden,* hrsg. von Adolf Frisé, Reinbek bei Hamburg 1978, Bd. 8, S. 1315.

diesem Schaffensprozeß, so wie andere abhängig werden von Drogen und Alkohol. Wer in dieser Weise abhängig wird von der Sprache, ist das, was man einen Dichter zu nennen pflegt.«[16] Wir Leser von Gedichten sind vielleicht nicht im selben Maße von Gedicht und Sprache abhängig wie Dichter, aber auch wir binden unser Leben an Sprache und haben mit bestimmten Gedichten eben diese Erfahrung gemacht, daß sie »das Erfassen des Universums auf außerordentliche Weise beschleunigen.« Es sind solche Gedichte, von deren Unsterblichkeit man vielleicht nicht mehr ungebrochen überzeugt sein kann, aber von denen man wünscht und in manchen Momenten sogar zu wissen glaubt, daß sie bleiben.

Die vorstehende Auswahl von Gedichten sei einem Kenner deutscher Lyrik gewidmet, der eine ganz andere Vorstellung von ihr hatte, dessen Ernst und Verpflichtung beim Zusammenstellen seines »Ewigen Vorrats deutscher Poesie« aber ich liebe und verehre.

München, den 10. Januar 1995   *Jörg Drews*

16 Zitiert nach: Vormweg, S. 5.

Inhalt

270

271

273

Ein Molotow-Cocktail auf fremder Bettkante

Lyrik der siebziger/achtziger Jahre von Dichtern aus der DDR

Ein Lesebuch

Herausgegeben von Peter Geist
455 Seiten. RBL 1399. 16,– DM
ISBN 3-379-00694-7

… die beste und ambitionierteste Sammlung der DDR-Lyrik der letzten Jahre, vom untergründigen Raunen derer, denen die Lyrik in Zeiten gesellschaftlicher Verhärtung etwas bedeuten konnte (Czechowski, Kirsten, Kirsch), bis zu den Wortmaterialjonglierern der jüngeren Generation. Hervorragend ist etwa die kennerische Auswahl der Texte Biermanns und Huchels. Anthologist Peter Geist wußte die Spreu vom Weizen zu trennen, und es gibt immer noch viel Weizen aus der DDR.

Helmut Böttiger in: Stuttgarter Zeitung

Das ist ein Akt literarhistorischer Gerechtigkeit und ein Bekenntnis zu einer lebendigen und überraschenden Poesie, die die wohlgeordneten Bahnen verläßt und gerade dort auftaucht, wo man sie nicht erwartet.

Jürgen Engler in: Freitag, Berlin

RECLAM-BIBLIOTHEK

Elke Erb
Nachts, halb zwei, zu Hause
Texte aus drei Jahrzehnten

Herausgegeben von Brigitte Struzyk
213 Seiten. RBL 1401. 10,– DM
ISBN 3-379-00696-3

Die Sammlung von Kurzprosa und Gedichten setzt mit unspektakulären, naturnahen Kindheitserinnerungen aus der Eifel ein. Mit zahlreichen Widmungstexten, Porträt- und Antwortgedichten zollt sie Schutzgeistern wie Erich Arendt und Franz Fühmann Sympathie und Achtung. In Poemen wie »Naturbühne«, »Schlaraffenland« und »Schlechte Beleuchtung« aus den Jahren 1966 bis 1970 setzt sie einer versehrten Industrielandschaft die Vergewisserung durch die »kleinen Dinge« entgegen, private Fluchtpunkte wie Wohnen, Essen und Trinken. Elke Erb beansprucht für sich Individualität, Vorläufigkeit und das »Recht des unabgesicherten Redens«. Durch ihre offene Anlage drängen sich diese Texte der Diskussion über ost- und westdeutsche Literaturtraditionen geradezu auf. In einer Zeit des allgemeinen Bilanzierens wird man am Werk von Elke Erb nicht vorbeigehen können.

Katrin Hillgruber in: Frankfurter Allgemeine Zeitung

Friederike Mayröcker
Veritas

Lyrik und Prosa
1950–1992

Herausgegeben von Elke Erb.
314 Seiten. RBL 1474. 24,– DM
ISBN 3-379-01474-5

»Veritas«: eine mit unglaublicher Sorgfalt ausgewählte
Darstellung in einer Art Lesebuch von Lyrik und Prosa
Friederike Mayröckers. Auf einen kleinsten aber sehr effi-
zienten Nenner gebrachte Auswahl ihrer kurzen Prosa-
stücke und Gedichte. Wobei die Herausgeberin Elke Erb
bei diesem Auswählen mit subtiler Sachkenntnis und,
was besonders hervorzuheben ist, mit Respekt vor dem
Werk und großem Taktgefühl vorging. ... Die Sorgfalt der
Auswahl durch Elke Erb wird dem Leser ein verläßlicher
Wegweiser sein.

Traute Foresti, ORF

RECLAM-BIBLIOTHEK

Wolfgang Hilbig
zwischen den paradiesen

Prosa Lyrik

Mit einem Essay von Adolf Endler

Herausgegeben von Thorsten Ahrend
350 Seiten. 1 Abb. RBL 1419. 16,– DM
ISBN 3-379-01419-2

… eine Auswahl, die es in sich hat: Gedichte, Kurzprosa
und Erzählungen, Vorträge und essayistische Versuche aus
drei Jahrzehnten sind hier versammelt – Ausgewähltes und
Unveröffentlichtes, bisher nur verstreut oder an entlege-
nem Ort Ediertes. Die Erzählung »Er, nicht ich« (1981/
1991) ist eine Erstveröffentlichung, durch und durch »ein
Hilbig«: Alltäglich-Banales wird zu kaum Bewältigbarem,
das Schreckliche ist das Herkömmliche, die Chimären der
Imagination erweisen sich als übermächtig, »der bloße Ge-
brauch des Wörtchens ich« ist bereits subversiv. Gute Lite-
ratur hat Sogwirkung. In bezug auf Wolfgang Hilbig sollte
man wohl eher von einem Strudel sprechen, der Leser sei
gewarnt. Er wird ihm folgen müssen: hinab, hinab …

Jürgen Krätzer in: Leipziger Volkszeitung